그저 플라스틱 쓰레기를 기록했을 뿐인데

박현민
인터뷰집

그 저

플라스틱

쓰레기를
기록했을
뿐인데

파비앙 박준우 박윤희 한민수 양재웅 김의석 이한나 윤고은 솔비

우주북스는 환경을 생각합니다.

"일회용 플라스틱을 생산하는 데 걸리는 시간은 5초, 사용하는 데 걸리는 시간은 5분, 그리고 분해되는 데 걸리는 시간은 500년이다."
-프란스 티메르만스^{Frans Timmermans}(현 유럽연합 집행위원회 부위원장)

환경에 대한 이야기를 햇수로 5년째 이어오고 있다. 격주간으로 잡지를 발행하던 편집장 시절에는 매호마다 어떻게든 환경에 대한 이야기를 다루려고 애쓰기도 했다. 당시 그린피스, WWF, 녹색연합 등 여러 환경단체가 도움을 준 덕분에 가능했던 일이다. 앞서 옮긴 프란스 티메르만스의 발언을 접한 것도 지난 2018년 환경 특집호를 기획하던 당시였다. 문제는 난 그저 한낱 마감 노동자였을 뿐, 열혈적인 환경 운동가는 아니란 사실이다. 환경 운동가들과 만나 이야기를 나눌 때면 나 자신이 얼마나 이기적인 존재임을 실감하고 수시로 밀려오는 죄책감을 감당해야 했지만, 안타깝게도 딱 거기까지였다. 결국 팍팍한 현실에 떠밀려와 먹고살기 위해

일을 의무적으로 하는 삶으로 회귀해야 했으니깐. 지구 반대편에서 일어나는 동물의 죽음까지 안타까워할 심적 여유가 모자랐다. 아니 모자랐다고 말하고 싶다. 어쩔 수 없다고 자위했고, 자책했고, 또 그러면서 부채감은 연신 쌓여만 갔다.

고민 끝에 내놓은 결론은 '내가 할 수 있는 일을 하자'였다. 들어도 이해하기 힘든 복잡하고 어려운 이야기 말고, 지금 당장의 삶을 가로막을 정도로 부담스러운 게 아닌, 그러한 범주 내에서 어쨌든 아주 조금이라도 더 나은 방향으로 나아가는 일이면 좋겠다고 생각했다. 플라스틱 쓰레기에 대한 위험을 알리기 위해 과학적 근거와 산술을 나열하는 게 아닌, 누구나 공감하고 어렵지 않게 참여할 수 있는 방식에 대해 주변인과 이야기를 나눠보고자 했다. 그렇게 지금의 책 '그저 플라스틱 쓰레기를 기록했을 뿐인데'가 탄생했다. 각각 다른 일에 종사하고 있는 9명이 각자 9일 동안 기록한 플라스틱 쓰레기를 공유하고, 이후 인터뷰의 형식을 빌어 이야기를 나누는 것. '9X9'라는 꽉 찬 숫자도 마음에 들었다. 처음에는 '매거진99'라는 이름으로 정기 발행을 꿈꾸기도 했으나, 몇 개월 현실과 타협을 거듭하며 '프로젝트99'로 선회했다.

환경을 지키는 것을 비롯해, 의미 있는 삶에 대한 욕구는 아마 모두가 품고 있을 것이다. 각자의 부채감에 기인한 이것은 늘 우리 앞을 가로막는 인생의 숙제이기도 하다. 옳다고 생각되면서도 먹고사는 일에 파묻혀서 '조금 더 상황이 좋아지면' '일단 지금 난관만 넘어서면' '여유가 생기면' 등 여러 이유를 들이밀고 행동을 나중으로 미루게 된다. '프로젝트99'는 모두가 더 나은 선택을 할 수 있도록 경험을 나누는 일을 할 것이다. 물리적인 시간에

쫓기며 제한된 선택을 해야 하는 이들을 위해 '먼저'의 경험을 나누는 것, 아직 용기 내 행동으로 옮기지 못했던 어떠한 일들에 대해서 그 축적된 경험들이 고민의 시간을 덜어줄 수 있게 되길 바라면서.

책 한 권을 읽을 시간을 통해서 9명의 목소리에 담긴 그들의 경험과 생각에 귀를 기울인다면, 다음 실천자가 당신이 될 수도 있다. 오직 9일이라도 좋다. 9일 동안 어쩔 수 없이 발생하는 플라스틱 쓰레기를 스스로 기록하는 것으로 충분하다. 우리가 무심코 얼마나 많은 플라스틱 쓰레기를 배출하고 있는지 비로소 깨닫는 것, 그것이 앞으로 우리가 조금이라도 더 의미 있는 삶을 살기 위한 단초가 될지도 모른다. 혹시 아나? 이와 같은 행동이 훗날 우리의 삶을 바꿀 수도 있다.

방송인 파비앙, 셰프 박준우, 패션 디자이너 박윤희, 파라아이스하키 국가 대표팀 감독 한민수, 정신건강의학과 전문의 양재웅, 영화감독 김의석, 시나리오 작가 이한나, 소설가 윤고은, 아티스트 솔비가 이번 책 인터뷰로 참여해 줬다. 정지은 기자는 소설가 윤고은 인터뷰 진행과 더불어 칼럼 '확실한 재앙, 플라스틱에 맞서는 사람들'로 힘을 보탰다.

아카데미 시상식에서 봉준호 감독님이 했던 "가장 개인적인 것이 가장 창의적"이라는 말을 다시 한 번 끄집어내본다. 참여해 준 이들은 모두 개인적인 연이 끈끈한 이들이다. 쉽지 않은 여정을 긴 설득 없이 기꺼이 함께해 준 이들이 있었기에 이번 작업이 순조롭게 마무리될 수 있었다. 이번 지면을 빌어 거듭 고마운 마음을 전한다.

파비앙은 8년 전 내가 살던 빌라 위층에 우연히 이사를 왔고, 이후 자연스럽게 친해졌다. 함께 밥을 먹는 것 외에도 택배를 받아주거나, 생필품을 나누거나, 혹은 동네 알짜배기 정보를 교환하는 든든한 이웃사촌이었다. (지금은 둘 다 그 빌라를 떠나 다른 곳에 터를 마련했다.) 박준우는 '마스터 셰프·코리아'에 출전했을 무렵 홍대에서 술잔을 기울인 것이 인연이 되었고, 이후 꾸준히 연락을 나누며 친분을 이어오고 있다. 언젠가 우리 집에서 소고기를 구우며 화려한 불 쇼를 보여준 것은 두고두고 자랑할 기억이다. 박윤희 디자이너, 한민수 감독과는 앞서 신현준 배우와 환경에 대한 사모임을 결성할 때 처음 만났다. 이후 실질적인 협업을 할 기회가 좀체 없었는데, 이번 책을 빌미로 재회했다.

양재웅은 '연예가중계'에서 '심야식담'이라는 코너로 알게 된 동갑내기인데 이야기도 잘 통해서 가끔 술잔을 기울이고 고민도 나누는 그런 친구가 됐다. 김의석 감독은 성균관 대학교 후배. 신방과 수업에서 한 팀으로 발표 수업을 준비하기도 했고, 졸업 후에도 홍대 거리나, 부산 영화제에서 우연처럼 계속 인연이 닿고 있다. 이한나 작가는 김의석 감독의 아내이자, 시나리오 작가이면서, 친환경 소재 가방 브랜드를 론칭하려는 가방 디자이너이다. 솔비는 언젠가 매체 행사 당시 늦게까지 술을 마시고 급속도로 친해졌고, 이후에도 가끔 축하 거리가 생기면 차든 술이든 아무튼 뭔가를 마시는 사이가 되었다.

윤고은 소설가는 앞서 내가 편집장으로 몸담았던 매거진 인터뷰이로 처음 알게 됐다. 당시 윤 소설가를 인터뷰했던 이가 후배 정지은 기자인데, 정 기자는 이번 책의 취지를 듣고 윤 소설가를 섭외해 인터뷰까지 진행해

주었다. 더불어 칼럼의 형태로 이번 주제에 걸맞은 글까지 선뜻 적어주었다.

이 굉장히 사적인 인연의 구성원들이, 이번 인터뷰를 통해 자신만의 목소리를 전한다. 이 인터뷰이들의 이야기가, 콘텐츠의 형태로 이곳저곳으로 가닿아 또 다른 인연으로 피어났으면 좋겠다. 그리고 그러한 인연들이 이 세상을 조금 더 나은 방향으로 나아가게 하는 동력으로 작용하길 꿈꾼다.

-2021년 여름, 박현민

PROJECT99

목차

서문

방송인 파비앙

환경과 경제,
두 마리 토끼를
잡는 것에 대해서

3과 물리스틱 소개기를 가속할을 빤여라

9일간 기록한 플라스틱 쓰레기들

한국을 진심으로 사랑하는 외국인을 꼽아보자면 태권도 공인 5단, 한국어능력시험 6급, 한국사능력검정시험 1급 보유자인 파비앙을 결코 빼놓을 수 없을 것이다. 모델 겸 방송인 파비앙은 앞서 지난 2014~2015년 MBC 예능프로그램 '나 혼자 산다' 초창기 무지개 멤버로 출연하며 많은 이들에게 그 이름과 얼굴을 또렷하게 각인시킨 바 있다. 그는 '제중원' '닥터진' '더킹 투하츠' '미스터 션샤인' '신입사관 구해령' 등 TV 드라마에 출연하는 배우이기도 하다. 그는 자신이 직접 운영하는 유튜브 채널 '파비앙'으로 그동안 방송에서 쉽게 볼 수 없던 다양한 숨은 매력까지 선보이며 주목 받는 중이다. 꽤 오랜 시간을 한국에서 살고 있는 파비앙은, 성장기를 보냈던 프랑스 파리에서 체득한 환경에 대한 자신의 단단한 신념을 이번 '프로젝트99'로 내비쳤다.

요즘 어떻게 지내고 있나?

파비앙: 코로나19에 맞게 생활하고 있다. 일이 아닌 이상, 불필요한 모임을 절대 하지 않는다. 바깥에 가급적 나가지 않고, 대부분의 일을 집에서 하는 방향으로 생활 패턴이 바뀌었다. 유튜브 채널을 하고 있는데, 그것도 집에서 촬영하고, 직접 편집한다. 거의 집에 있다고 보면 된다. 아이폰에 걸음수를 체크하는 어플이 있다. 지난 2019년과 2020년을 비교했는데, 그 차이가 꽤 컸다. 2019년엔 하루 평균 12km 이상을 걸었는데, 2020년은 겨우 4km다. 여태껏 살면서 집에서 안 나간 적이 거의 없는데, 코로나로 이렇게 돼서 여러모로 힘들다.

파리에 안 간지도 꽤 됐을 것 같다.

파비앙: 상황이 상황인 만큼, 쉽게 갈 수 없다. 작년 3월에 가려고 끊어 두었던 비행기표를 몇 번이고 연장하고 연장해서 올해 6월 기간 종료에 이르렀다. 행여 무리해서 파리에 다녀오다가, 전파자라도 되면 큰 일이니 섣불리 움직일 수 없다. 어머니가 나이가 있는데 늘 걱정된다. 프랑스 상황은 그다지 좋지 않다. 실제로 친구 아버님의 경우에 많은 나이도 아니셨는데, 코로나로 인해 돌아가셨다. 어디서 들은 이야기가 아니라, 내 친구, 내 주변에서 지금 실제로 벌어지는 일이다.

힘든 시기에 이번 프로젝트99에 참여를 결정해줘서 미안하고 고맙다. 보내준 플라스틱 쓰레기는 잘 봤다. 어땠나? 스스로 예상했던 양보다 더 많이 나왔나?

파비앙: 많이 쓰는 건지 적게 쓰는 건지, 가늠하기 어렵다. 다른 분들이 얼만큼 쓰는지 모르니깐. 나름 평소에 노력하는데… 일단 지금 시국이 코로나19로 이렇다보니 집에서 보내는 시간이 늘었다. 그래서 오히려 더 (플라스틱 쓰레기가) 많이 나온 것 같다. 이걸 기록한다고 해서 플라스틱 쓰레기를 일부러 줄이려는 노력을 별도로 하진 않았다. 처음 참여 요청이 왔을 때 "평소대로 하고 그것을 기록해달라" 라고 해서, 그렇게 했다. 평소 백팩에 물통을 넣어서 다니거나, 카페에 가는 날은 텀블러를 챙기거나, 그런 일상의 작은 노력을 그대로 유지한 정도다.

9일간 기록하면서 무엇을 느꼈나? 플라스틱 쓰레기가 나올 수 밖에 없는 상황이 발생하는 경우도 있지 않나.

파비앙: 이번 기록을 하면서 확실히 느낀 게 있다. 내 노력으로 줄일 수 있는 것과 업체에서 노력해야 하는 것들이 구분됐다. 예를 들어 장을 볼 때, 주로 배달을 시키는데… 내가 언덕에서 살아서 어쩔 수 없다.(웃음) 평소와 다른 브랜드의 바나나를 샀는데, 어마어마하게 큰 플라스틱 통이 왔다. 봉지도 있고, 플라스틱 통도 별도로 있었다. 9일을 통틀어서 그게 가장 큰 충격이었다. 한국에 처음 왔을 때, 플라스틱을 정말 많이 쓴다는 것을 느꼈는데… 그게 지금도 여전하다.

그 뒤를 잇는 작은(?) 충격들도 알려달라.

파비앙: 여기는 재활용 쓰레기를 일주일에 한 번씩 버린다. 정리하다 보면 '아 정말 많이 쓴다' '이러면 안 되겠다' 라는 생각이 절로 든다.

파비앙은 본래 플라스틱 쓰레기에 대한 관심이 어느 정도는 있었던 것 같다.

파비앙: 매일 신경 쓰진 못한다. 하지만 이번에 보낸 사진 속 바나나처럼 불필요한 과대 포장을 보게 되면 '이건 아니다' 싶을 정도는 된다. 그러니 무관심은 아니다. 줄일 수 있는 플라스틱 쓰레기는 줄이려고, 거의 10년 정도 노력했다. 아니, 프랑스에 살 때부터 했으니깐 10년이 더 됐다. 문제의 심각성을 깨달은 것을 따지면 20년 정도 됐을까? 유럽은 이런 문제에 대한 인식이 상대적으로 빨랐던 것 같다.

그런 이야기를 몇 번 들었다. 그래서 이번 인터뷰에 파비앙을 꼭 넣고 싶었다. 파리와 서울에서 각각 살아봤지 않나. 시기는 달랐지만, 그러면 자연스럽게 뭔가를 느꼈을 것 같다.

파비앙: 여러 가지가 있다. 한국의 놀랍게 발달된 배달 문화도 있고, 인식면에서 좀 다른 부분도 있다. 프랑스는 테이크 아웃 문화가 한국처럼 활발하지 않다. 카페에서 커피를 마신다고 하면, 아메리카노가 아닌 에스프레소다. 그걸 밖에 들고 다닐 수 없지 않나? 전문가가 아니라 자세한 부분까지 설명할 수는 없다. 아무튼 결과적으로 파리나 서울 모두 이런 플라스틱 쓰레기 문제에서 결코 자유로울 수 없다는 것은 동일하다.

이번 인터뷰 기획을 준비할 때, 기록이 아닌 9일 동안 플라스틱을 전혀 쓰지 않는 '플라스틱 프리'를 생각하기도 했다. 아예 플라스틱이 없는 삶, 가능할까?

파비앙: 현재로서는 불가능하다고 생각한다. 내 경우 외식을 거의 하지

않는다. 9일 동안 외식을 한 번? 그 정도 했다. 배달 음식은 거의 시켜먹지 않는다. 핑계로 들릴 수 있겠지만, 그렇다보니 어쩔 수 없이 고정적으로 나오게 되는 플라스틱 쓰레기가 있다. 예전에 살았던 연남동은 근처에 망원시장이 있어서 식재료를 살 수 있었다. 그런데 이사온 여기에는 없다. 식재료를 구매하면 일회용 플라스틱이 대부분 함께 오니깐 이것을 어찌 할 수 없다.

세제나 샴푸통 같은 것도 생각해보자. 일회용 플라스틱은 아니지만, 결국 주기적으로 큰 쓰레기가 배출될 수 밖에 없다.

파비앙: 대단한 일은 아니지만, 난 샴푸나 바디워시를 리필해서 사용한다. 한 5년쯤 됐다. 조금씩이라도 신경을 쓰면 어떤 식으로든 환경에 도움이 된다. 그나마 긍정적으로 생각하면, 예전보다 많이 좋아진 것들도 있다. 지금은 '플라스틱 쓰레기가 너무 많다' 라는 생각을 대부분의 사람들이 하지 않나? 과거엔 그런 생각조차 하지 않고 마구 썼으니깐.

플라스틱과 별도로, 환경을 위해서 실천하는 일상의 실천 같은 게 있으면 공유해 줄 수 있을까.

파비앙: 가급적 자동차를 타지 않는다. 중학교 시절부터 거의 자전거만 타고 다녔다. 등교할 때도, 운동할 때도, 지금 서촌에서도 내가 사는 곳은 굉장한 언덕인 편인데, 여름에도 대부분 자전거를 타고 이동한다. 그래서 강남은 거의 안 간다.(웃음) 중요한 방송 촬영이 아니라면 상암도, 홍대도 모두 다 자전거를 타고 이동한다. 벌써 20년 넘게 자전거를 타왔다. 그런데

만약 자전거 대신에 내가 스쿠터나 택시를 탔다면? 분명 지금보다 수만, 수백만배의 탄소를 배출했을지도 모른다.

예전에 같은 건물에 살았을 무렵,(*우리는 앞서 연남동 빌라의 위아래 층에 살았다. 그 모습이 '나 혼자 산다' 방송에서 나오기도 했다. -편집자주) 자전거를 타고 외출하는 파비앙을 정말 자주 봤다. 그때는 단순히 몸 관리를 위해 '운동'을 한다고 생각했다.

파비앙: 자전거를 이용하는 이유는, 환경이 무엇보다 가장 크다. 대부분의 교통수단은 환경을 굉장히 오염시키는 주범이다. 프랑스에 가는 경우에 비행기를 탈 수 밖에 없는데, 매번 마음이 불편하다. 비행기는 정말 환경에 좋지 않다. 그러한 이유로 프랑스는 오래 전부터 비행기 요금에 탄소세 Carbon Tax를 부과하고 있다.

프랑스는 정규 교육과정에서도 환경에 대한 것이 잘 되어 있나?

파비앙: 교육보다는 일상이다. 어렸을 적, 부모님께서 일회용 플라스틱을 많이 쓰지 않도록 했다. 친구들 사이에서도 불필요한 플라스틱을 사용하면, 농담식으로 서로를 지적했다. 환경을 생각하지 않으면, 뭔가 굉장히 부끄럽다는 생각을 들게 했다.

플라스틱 외 어떤 환경 문제에 또 관심이 있나.

파비앙: 바다 오염. 아름다운 나라에 방문했는데, 바다에 쓰레기가 많으면

찝찝하고 보기 좋지 않다. 안타깝다.

환경문제에 대해 사람들과 이야기를 나누면 가장 많이 듣는 게, "환경문제는 경제발전이 된 이후의 문제다. 당장 중요한 게 아니다" 라는 이야기다. 환경을 생각하는 게 경제발전의 발목을 잡는 일로 치부된다.

파비앙: 내가 봤을 때는 완전히 모순이다. 환경보호와 경제발전은 한 번에 이뤄낼 수 있다. 오히려 함께 신경을 쓴다면 더 좋은 형태의 경제성장이 이뤄질 수 있다.

그런 생각을 한 적이 있어서 부끄럽다. 이번 프로젝트를 기획하면서 여러 생각들을 한게 됐다. 네가 들려준 이런 이야기로 인해, 누군가가 나처럼 영향을 받았으면 좋겠다.

파비앙: 난 프랑스에서 그저 보통의 수준이다.

그럼 좀 적극적인 사람들의 경우엔?

파비앙: 산드라라고 하는 친한 프랑스 친구가 있다. 의상·디자이너다. 환경을 중요하게 생각해서 원단부터 모든 것이 친환경이다. 사업도 힘든데, 5%는 꼭 환경 관련한 곳에 기부하기도 한다. 나도 그 친구에게 구박을 많이 당한다. "플라스틱! 플라스틱!" 하면서.(웃음)

아무래도 그렇게 되면 원단 자체의 단가가 너무 높지는 않을까? 유럽의 경우에는 그런 원단이 한국보다 조금 더 수월하게 공급되는 건가?

파비앙: 비싸도 그냥 쓴다고 하더라. 요즘엔 파인애플을 소재로 원단을 사용한다고 들었다.

프로젝트99는 경험을 공유하는 무크지를 목표로 한다. 다음 주제로 추천하고 싶은 게 있다면.

파비앙: 9일 동안 찬물로 샤워한 9명? 그렇게 하면 건강에 좋다고 해서. (웃음)

"환경보호와 경제발전은
한번에 이뤄낼 수 있다.
오히려 함께 신경을 쓴다면
더 좋은 형태의 경제성장이
이뤄질 수 있다."

그게 장래스러 도제기를 가운재은 병어려

방송인 파비앙

셰프 박준우

'아직 괜찮다'는 생각이
만들어 낸 포기

제 몸과의 소통에 가슴을 빼앗긴

9일간 기록한 플라스틱 쓰레기들

[1일차] KF94 마스크 1개, '펀스토랑' 녹화장 생수통 1개, 탄산수통 1개

[2일차] KF94 마스크 1개, 와인샵 택배 배송 파손방지 백(6병) 1개

[3일차] KF94 마스크 1개, '방구석1열' 녹화장 생수통 1개, 탄산수 통 1개, 딸기 바구니 1개, 로칸다몽로 안주 테이크아웃 포장용기 2개, 비닐 봉지 1개

[4일차] KF94 마스크 1개, 토마토 바구니, 사과 포장 봉지

[5일차] KF94 마스크 1개

[6일차] 브리타 정수기 필터 교체 1개

[7일차] KF94 마스크 1개, 제주도 카페 커피 테이크아웃 컵 3개

[8일차] KF94 마스크 1개, 제주국제공항 면세점 쇼핑백 1개

[9일차] KF94 마스크 1개, 소화제 포장제 1개, 건전지 포장제 1개

 푸드 칼럼니스트이자 셰프인 박준우는 '마스터셰프 코리아' 첫 번째 시즌 준우승을 거머쥐며 대중에게 알려졌다. 이후 '올리브쇼' '냉장고를 부탁해' '편스토랑' 등 다양한 프로그램에 출연하며 지속적인 방송 활동을 이어오고 있다. 언뜻 까칠해보이지만, 그 이면에는 자신의 생각과 의견에 대해서 목소리를 제대로 낼 줄 아는 올곧은 사람 유전자가 자리해 있다. 참여형 인터뷰로 귀찮을 수도 있을 '프로젝트99' 참여 요청을 건넸을 때도 "내가 뭘 알겠어요?" 라고 투정(?)했으나 인터뷰를 하는 내내 귀를 바싹 기울이게 만드는 솔깃한 이야기를 풀어놓은 인터뷰이다. 인터뷰 이후에도 환경과 관련되 솔깃한 뉴스가 나올 때마다 직접 링크를 보내줄 만큼, 짙은 애정을 보여주기도 했다.

요즘 어떻게 지내고 있나?

박준우: 원고 청탁이 들어오면 음식칼럼이나 에세이를 쓰고, 쿡방이나 먹방 섭외가 들어오면 방송 출연도 하고 있다. 벌써 3년째 컨설팅 셰프를 겸하고 있기도 하다. 우리말로 순화하면… '자문'이다. 레시피를 제안하기도 하고, 특정 회사 프로젝트나 콘텐츠에 대해 조언을 해주는 경우도 있다.

요즘 말로 'N잡러'인가. 하고 있는 여러 일 중에서 적성에 가장 맞는 것을 꼽자면?

박준우: 전부 다 안 맞다. 나란 사람은 일과 적성이 맞지 않지만, 먹고 살기 위해서 할 수 없이 한다. 9년째 이 이야기를 똑같이 하고 있다.

9일 동안 플라스틱 쓰레기 기록에 응해줘서 고맙다. 기록하면서 어땠나?

박준우: 기록을 시작한 시기가 이사를 한 직후다. 버릴 것을 다 버린 이후라서 생각보다 훨씬 더 적게 나온 것 같다. 별도로 의식한 건 아닌데, 이 시기에 바빠서 외식을 많이 하기도 해서 더 플라스틱 쓰레기가 나오지 않았던 것 같다.

외식의 횟수가 늘어난 게, 쓰레기를 줄인 원인이 됐나?

박준우: 장을 보면 모든 식재료가 플라스틱에 쌓여있다. 버섯, 키위… 양파의 망도 플라스틱이다. 외식이 아니었으면 이번 기록보다 3배는 더 나왔을 거다. 토마토 바구니, 사과 포장지… 식재료는 유통하는 이들이

플라스틱에 담아서 하니깐 어쩔 수 없다.

시장에 직접 가서 담아오는 방법도 있지 않나?

박준우: 그 정도의 노력은 하지 않는 거다. 망원시장까지 가려면 5분 걷고, 또 지하철을 타서 3정거장을 가야하는데, 그렇게까지 못 하고 있다. 일종의 저울질인 셈이다. 시장에 다녀오는 45분 동안 할 수 있는 것에 대한 기회비용을 따진다. 당장 플라스틱 쓰레기가 나온다고 해서 입게 되는 타격을 아직 제대로 실감하지 못하니깐 아직 괜찮다고 생각하게 된다. 플라스틱 쓰레기가 많이 나오고 있다는 사실을 인지하고 있음에도, 직접적 체감이 없으니 그것을 포기하는 거다. 모두 다 알면서도.

9일간 기록하면서, 가장 플라스틱을 많이 써야하는 상황은 언제였나. 인지하지만 대체할 수 없었던 상황도 있을테고.

박준우: 아까도 말했지만 식재료가 가장 크다. 유통 패키지가 그렇게 되어 있으니깐 어쩔 수 없다. 환경운동가라면 그러한 제품에 불매운동도 벌이기도 하고, 최소한의 소비를 이뤄낼 수 있겠지만… 생업이 걸려있고, 일에 치이다보면 보통은 미뤄둘 수 밖에 없는 현실이다.

배출되는 플라스틱 쓰레기를 기록하면서 어떤 것을 느꼈을지 궁금하다.

박준우: 일종의 '보고'를 하기 위해서 계속 체크를 하게 되지 않나? 그렇다 보니 아무래도 조금은 더 조심하게 되는 부분이 있다. 평상시 '인지'에서

발전해서, '공개하니 조금 줄여보자' 하는 생각이 솔직히 들었다.

혹시 '9일간 플라스틱 쓰레기의 기록'이 아니라, 아예 '플라스틱이 없는 삶'도 가능했을까?

박준우: 하려고 마음 먹으면 할 수도 있을 것 같다. 사용 자체가 안 되는 것도 아니고, 9일 동안 플라스틱 쓰레기 배출만 안 하면 된다면 말이다. 장기간이 되면 불가능하다.

왜 불가능하다고 생각하시나?

박준우: 지방에서 무슨 공동체 생활 같은 것을 해나가지 않으면, 서울에서는 불가능하다. 환경 활동가라면 가능할지도 모르겠다. 그분들은 그것이 업무이자 생활이니 가능하다. 하지만 당장 각자의 업에서 우선적으로 중요하게 여기는 것들이 있다. 예를 들며 와인 업계는 코르크 재질의 마개를 플라스틱으로 바꾸고 있다. 나무를 보호하기 위해서, 훼손하지 않기 위해서다. 포커스가 나무에 맞춰진 거다. 그러면 반대로 플라스틱 쓰레기는 오히려 더 늘어나게 되는 구조다.

가치의 우선순위를 정하는 것은 쉽지 않다. 심지어 양쪽 모두 '환경을 보호하기 위해서'라는 대전제가 있다니, 난감하고 아이러니하다.

박준우: 코르크 나무가 멸종하고 있으니, 대체한다는 생각이다. 비용을 줄이기 위해서 하더라도 표면적으로는 환경을 위하는 일이 된다.

몰랐던 이야기를 알게 됐다. 평소 환경에 어느 정도 관심이 있었나?

박준우: 가지고 있긴 하다. 계속 관심은 갖지만… 뭐가 있을까, 일단 소비를 줄이는 게 환경을 위하는 가장 현실적인 방안인 것 같다. 소비자 입장에서도 돈을 덜 쓰게 되고, 경제활동을 줄일 수록 그런 플라스틱 쓰레기들이 나오지 않게 되는 것은 자명하다. 예를 들어보자. 사람들이 한 번 밖으로 나가게 되면, 차를 탄다. 집에서 마실 것을 챙겨서 나오지 않았다면, 이런 카페에 와서 음료를 주문해 마시게 된다. 그러면서 휴지 한 장, 빨대 하나, 아무튼 뭐든 간에 사용을 한다. 더 나쁜 쓰레기, 덜 나쁜 쓰레기의 차이는 있겠지만, 결국엔 전부 다 쓰레기가 되는 것들이다. 옷도 그렇다. 난 옷을 거의 사지 않는다. 지금 입고 있는 이것도 동생 옷을 뺏어입어서… 한 20년은 입은 것 같다. 그리고 이건 엄마가 사준 것을 5년 정도 입었고, 이 청바지도 그거보다 오래 입은 것 같다.

요즘 젊은이들 활동 중에 '에코 OOTD^Outfit Of The Day'가 유행한다. 주변에서 물려받거나, 중고옷을 구매하거나 하는 것을 SNS로 인증하는 거다.

박준우: 일종의 '힙질'이라고 생각해서 별로 좋아하진 않지만… 결과적으로 그 행위가 좋은 방향으로 가는 것이라면 반대할 이유는 없다.

환경에 대한 이해도가 꽤 높은 인터뷰라 느껴진다. 혹시 평소에 환경을 위해 실천하는 나만의 팁 같은 게 있을까.

박준우: '소비를 줄인다' '마케팅을 걸러낸다'. '1+1', '2+1' 이런 건 사지 않는다. 불필요한 소비를 제거하는 거다. "이걸 하나 더 사면 가격이 더

저렴합니다"라는 말에 현혹되지 않아야 한다. '지금 당장 내게 필요한가?'에 대해 생각해보라. 지금 사는 집 크기가 작아서 그런 것일지도 모르겠다. 미국 사람들처럼 넓은 공간에 이것 저것 쌓아놓을 수 없으니깐. 꽉 차지 않은, 여유있는 공간에서 살고 싶다.

플라스틱 쓰레기 외에 가장 관심이 가는 또 다른 환경문제가 있나?

박준우: 음식물 쓰레기.

음식물 쓰레기는 축산 사료로 재활용 되지 않나?

박준우: 그렇다고는 하는데, 그 과정이 힘들다. 개념 자체는 너무 완벽하지만, 결국 시스템의 문제인지라… 시스템을 만드는 것은 사람인데, 사람은 늘 문제를 만들어 내니깐. 하청업체의 문제를 모두가 제대로 다 모르지 않나? 활동가들이라면 추적을 해서 데이터화 할 수 있겠지만, 우리처럼 일반 소비자들은 알 수 없다.

플라스틱도 다 재활용이 된다고 알고, 분리해서 배출하는 것과 비슷한 이치다. 결국 재활용 되는 것은 극히 일부인데도 말이다.

박준우: 플라스틱 재활용도 거의 안 되고, 심지어 땅에 묻어도 오랜 시간 썩지도 않는다. 관련된 다큐멘터리를 보면 쓰레기를 타국에 수출하는 것도 보인다. 동남아시아, 아프리카 등에 쓰레기가 그대로 쌓여있다. 해당 업체들이 관리를 해야하겠지만, 결국 인건비 문제 등으로 대부분 방치되어

있다. 그렇게 쓰레기 섬도 생겨나는 거고.

다시 좀 더 가까운 이야기로 돌아와볼까? 요리를 하는 입장에서 플라스틱 쓰레기를 어떻게 하면 좋을까?

박준우: 어렵지 않다. 식재료 유통단계에서 해결되어야만 한다. 그런데 여기에서 어려운 문제가 생긴다. 유통을 왜 하나? 돈을 벌려고 한다. 여기에 팔 수 있는 재료가 있고, 저기에 살 수 있는 사람들이 있으니깐 이것을 '최대한' 연결하는 게 유통이다. 유통업자는 식자재를 팔 수 있다면 최대한 멀리까지 보내는 것이 목적이라는 거다. 그러니 플라스틱이 사용된다. 제품이 손상도 되지 않고, 적재하기도 편하고, 가격도 상대적으로 저렴하니깐. 그러니깐 그런 선택을 할 수 밖에 없다.

유럽처럼 직접 바구니에 담아오고 하는 구조도 생각해 볼 수 있지 않나? 로컬 푸드!

박준우: 유럽의 경우에는 재래시장이 튼튼하게 쌓아올려져 있다. 재래시장에서 도매상까지, 그리고 소매로 이어지는 거래가 명확하다. 예를 들면 산지에서 생산을 하면, 지역에서 그걸 매입하는 사람이 있고, 이 사람이 다른 지역의 사람들에게 넘기면, 그게 소매로 뿌려진다. 그 과정이 최대한 줄어든다면, 플라스틱 박스의 사용도 줄겠지. 근데 그것은 보여지는 일부 단면일 뿐이다. 프랑스 현지의 식자재 외에도 페루에서 온 아스파라거스, 캘리포니아에서 온 오렌지, 이런 애들은 어떻게 거기까지 왔는지까지 생각해봐야 한다.

포장을 벗겨 진열만 해놓는 형태일 수도 있다?

박준우: 그래도 프랑스는, 농업 종사자들이 많기 때문에, 그 사람들의 로컬 식재료의 로컬 소비를 도와주는 정책이 많은 것으로 알고 있다. 유권자의 표 때문에라도 말이다. 많은 이들의 지지를 받으면 그 정권이 유지될 수 있으니깐. 한국은 그 경우와 다르다. 농업 인구 자체가 적다. 정치인에게 물어보라, 이런 문제에 대해 조금이라도 생각해봤는지. 그다지 필요하지 않다고 생각해서 안 하는 거지, 해결할 수 없는 문제라 하지 않는 게 아니다. 효율로 따졌을 때, 이득이 없다고 판단한 거다.

환경에 대한 이야기는 정치인도 많이 하지 않나.

박준우: 그런 이야기를 하지만, 많은 이들이 잘 살펴보지 않는다.

어느 정도는 강제성이 필요한 걸까? 예전에 카페 실내에서 일회용 종이컵 사용을 금지시켰던 것처럼. 요리계에선 어떤 의지나 운동 같은 건 없을까?

박준우: 적지만 있긴 하다. 하지만 좀처럼 잘 안 된다.

해외의 좋은 사례를 벤치마킹 한다거나…

박준우: 프랑스로 예를 들면 각 지역별 농축산 인프라가 갖춰져 있다. 그래서 로컬 문화가 생길 수 있다. 한국은 어떤가? 서울에 많은 인프라가 몰려있다. 서울 외 지방은 농업, 공업 등으로 분산됐다. 전주시장에서 2030 청년들이 죽어가는 재래시장을 작업장화해서 살리는 작업을 하는

것을 방송에서 보여주는데, 그러한 문화가 경상도, 전라도, 충천도 전 지역
에서 다 이뤄지지 않으면, 그냥 그러다 끝나고 만다.

그 때문에 지역 균형 발전 같은 게 될 리 없겠지.

박준우: 저 끝에 있는 게, 반대편 끝으로 갈 수 밖에 없다. 감귤류는 제주
에서 온다. 유통을 담당하는 사람들은, 최대한 수익을 남겨야 하는데,
앞서 이야기한 것처럼 플라스틱 포장을 이용하면 더 많은 수익을 낼 수
있다. 근데 그걸 왜 안 쓰겠나? 지구가 나중에 망하든 말든, 당장 눈앞의
수익을 내는 거다.

플라스틱 사용료를 탄소처럼 세금을 부과하면 되지 않을까.

박준우: 기업이 로비를 통해서 그러한 시도를 막을 거다. 정부가 세금을
이용해서 환경 정책을 펼치면 된다지만, 정부 입장에서도 무작정 사용할
수 있는 재화는 없다. 이미 부채가 상당하다.

해답을 찾을 수는 있을까.

박준우: 글쎄, 아시아는 성장 주도 정책을 펼치다보니깐 지금 상황이 된
것 같다. 그렇다고 유럽의 선진 정책을 무작정 이야기 할 수도 없는 게,
그곳은 식민 정책을 통해서… 아시아와 아프리카 통치를 하면서 그곳의
물자를 가져와서 선진 정책을 펼친 것이다보니 실현 불가능한 예다.

프로젝트99가 다음 프로젝트로 시도해보면 좋을 것을 추천해달라.

박준우: 탄소 발자국을 연결하면 어떨까? 수입 식자재들의 탄소 발자국을 계산해보는 거다. 음식물 쓰레기 문제도 다루면 좋겠다. 레스토랑에서 코스요리를 예로 들어보면, 남긴 음식은 전부 다 버린다. 집이었다면 놔뒀다가 다음에 먹어도 되지만, 식당은 위생면에서 그럴 수가 없다. 이걸 최대한 나이브하게 믿어서 100% 퇴비와 사료로 넘어간다고 하더라도, 거기에서 손실되는 비용이 엄청나다. 그 비용은 왜 생길까? 유통업자나 판매업자 입장에선 음식물 쓰레기가 나와도 금전 이득이 생기기 때문에 한다. 그 과정에서 탄소 발자국도 엄청나게 생기게 되니, 결국엔 또 지구 오염의 문제로 이어질 수 밖에 없다.

와인은 다를까? 요즘 내추럴 와인이 핫하지 않나? 내추럴과 기존 와인의 차이는 여러가지가 있겠지만, 내 생각에 내추럴 와인은 기본적으로 인위적인 개입을 최대한 배제하는 거다. 그게 일본에서 대박나고, 한국에서 대박나는데… 사실 이건 내추럴 와인이 안 된다. 그 와인이 이탈리아에서 배를 타고 오고, 슬로베니아에서 비행기를 타고 온다. 내추럴 와인이 포토를 존중하고 자연을 위하고… 그건 슬로베니아까지 걸어가서 먹어야 가능한 이야기다. 그래야 그게 내추럴 와인을 즐기는 것인데, 그럴 상황이 아니지 않나?

그럼 내추럴 와인이라는 것도 결국 마케팅인가.

박준우: 물론, 기존 와인과 다른 미각적인 어떤 게 있고 또 그 의미를 되새기는 것은 있겠지만…. 내추럴 와인을 왜 만들까? 바이오 다이나믹 농법, 유기농… 땅을 존중하고 사람을 존중하고. 하지만 유행을 타면서 결국

또 다시 유통업자들이 개입한다. 만드는 사람 입장에서도 와인이 인정받고 가격이 오르면, 또 만드는 방법에 대해서 타협을 한다. 그렇게 되면 과연 내추럴 와인이 정말 본연의 내추럴 와인으로 남아있는 걸까. 보이는 게 전부가 아니다. 어쩌면 지금 우리가 이야기를 나누고 있는 플라스틱 쓰레기의 경우에도 헤아릴 수 없을 정도로 많은 이해관계가 복잡하게 얽혀 있을 것이다.

"당장 플라스틱 쓰레기가

나온다고 해서

입게 되는 타격을

아직 제대로

실감하지 못하니깐

'아직 괜찮다'고 생각하게 된다.

플라스틱 쓰레기가
많이 나오고 있다는
사실을 인지하고 있음에도,
직접적 체감이 없으니
그것을 포기하는 거다."

그저 플라스틱 쓰레기를 개수량은 뿐이다

셰프 박준우

패션 디자이너 박윤희

유행은 돌고 도는데,
플라스틱은 돌지 못하네

그리 돋보스틱 쓰게가는 가축생은 뿐이다

9일간 기록한 플라스틱 쓰레기들

 비욘세, 패리스 힐튼, 브리트니 스피어스가 사랑하는 패션 디자이너 박윤희. 지난 2009년 론칭한 브랜드 그리디어스의 대표인 그녀는 '전지적 참견 시점' '하트시그널 시즌2' '마이 리틀 텔레비전' 등 여러 방송을 통해서도 얼굴을 알린 '핫한 셀럽'이기도 하다. 화려하면서도 기하학적인 그래픽 디자인을 접목시켜 글로벌한 인기를 얻게 된 '프린트의 여왕' 박윤희는 최근 패션계의 윤리적 소비 트렌드에 맞춰 친환경적 고민을 거듭하고 있다.

최근 SBS '불타는 청춘'에 나와 포털 실시간 검색어 1위를 했다.

박윤희: 방송은 굉장히 효율적인 마케팅이다. 패션은 계속 소비되기에, 우리는 무언가 계속적으로 해야한다. '불타는 청춘'은 오래 알고 지내던 사람들이 많아서 촬영 자체는 편안했다. 다음 번에 또 나가게 되면 이 플라스틱 쓰레기의 기록 이야기를 중점적으로 해야겠다.(웃음)

바쁜 와중에 '프로젝트99' 요청에 응해줘서 고맙다. 기록하면서 어땠나?

박윤희: 플라스틱 쓰레기를 기록하다 보니깐, 소비되는 모든 플라스틱에 관심이 가게 됐다. 프로젝트를 하기 전에는 그다지 의식하지 못했던 많은 것들이 시야에 들어왔다. 사고가 확장됐다고 해야하나? 아무튼 '하길 잘했다' 라는 생각이 들었다. 좋은 제안을 해줘서 고맙고, 재미있고 의미있는 프로젝트에 참여할 수 있는 기회를 줘서 고맙다.

플라스틱 쓰레기 사진을 전송하는 시간이 늘 늦은 시간이더라. 부지런히 보내줘서 고맙다. 보내준 사진이 9일 동안 나온 쓰레기 전부인가?

박윤희: 사실 보낸 사진보다 2배는 더 나왔다. 전부 다 보내지 못해 미안하다. 난 인스턴트 식품을 먹지 않는다. 그렇다고 딱히 요리를 위한 시장을 보는 것도 아니라, 생각보다는 플라스틱 쓰레기가 덜 나왔다. 종이박스는 좀 많았다. 대신 택배를 주고받을 때, 옷을 포장해야 할 때 사용하는 비닐 같은 경우에는 대체할 수 있는 게 없더라. 부직포가 있지만, 여러 면에서 불편하다.

옷을 덮는 비닐은 대부분 1회용으로 사용되고 버려지나?

박윤희: 비닐도 재활용을 할 때가 있다. 원부자재로 보내지거나, 배송을 할 때 사용된다. 하지만 손님에게 직접 연결되는 경우에는 재활용 되는 게 쉽지 않다. 내가 아무리 절약하는 스타일이라고 해도 고객에게 보내는 물품에는 사용할 수 없다.

프로젝트를 처음 의뢰했을 때 "쓰레기가 많이 나올까?" 걱정했지 않나. 지나보니 어떤가?

박윤희: 생각보다 많더라. 처음에 '플라스틱 쓰레기' 라고 들었을 때, 정통적인 투명하고 커다란 플라스틱만 떠올렸다. 그런데 비닐이나 그 밖에 플라스틱으로 만들어진 일상의 물건들을 헤아려보니 생각보다 훨씬 많아졌다. 덕분에 여러 생각이 들었다. '비닐을 안 쓸 수는 없을 텐데' '나만 안 쓴다고 뭐가 달라질까?' '그럼 뭐라도 대체할 게 나와야 할텐데' 하는.

프로젝트로 생각이 많아졌다니, '계획한 대로 되고 있다'는 생각이 든다.

박윤희: 생각이 꼬리를 물다보니깐 나중에는 죄책감까지 들더라. '오랜 시간 썩지도 않는 플라스틱 쓰레기를, 이렇게나 배출하고 있다고?' 하는 형태로. 그런 죄책감으로 인해 의상으로 리사이클이나 업사이클 가능한 원단을 서치해보게 되더라. 패션 업계에서는 종종 "유행은 돌고 돈다"라는 말을 하곤 하는데, 플라스틱은 그렇지 못 한 것 같더라. 대부분 돌고 돌지 못한다. 사이클이 만들어지면 좋겠다는 생각으로 이어졌다. 누군가 이미 많이 고민하고 있지 않을까?

플라스틱 쓰레기가 없는 삶이 가능할까?

박윤희: 글쎄…. 이미 대부분의 제품들이 플라스틱이고, 우리는 그런 플라스틱 제품에 둘러쌓인 채로 살고 있다. 주변의 80% 정도는 플라스틱 아닌가? 어제 건전지를 갈 때 보니깐, 거기에도 플라스틱으로 감싸져 있더라. 분리수거를 하면서 보는데, 집집마다 플라스틱 쓰레기가 엄청나게 많이 나오더라. 너무 놀랐다.

제로 웨이스트 운동을 실천하는 사람도 있다. 해외에 어떤 이는 1년간 나온 쓰레기를 작은 유리병에 모으기도 한다.

박윤희: 그거는 삶에 너무 큰 피해가 될 것 같다. 그렇게까지 할 자신은 없다. 그렇지만, 이러한 문제를 의식하고 그것이 잘못됐다고 생각하면, 소비를 하는데 있어 전보다 더 주의를 기울일 수 있을 것 같다. 아니, 주의를 더 기울이겠다.

평소 환경을 위해 실천하는 나만의 방식 같은 게 있을까.

박윤희: 우리 사무실에는 종이컵이 없다. 모두가 텀블러를 들고 다닌다. 이면지를 활용한지도 오래됐다. 극성 맞아 보이겠지만, 우리 사무실에서는 모두가 이렇게 하고 있다. 종이백도 늘 재활용한다. 업체에서 온 것 중에 무조건 버려지는 것은 하나도 없다.

앞서 친환경을 접목시켰던 그리디어스 작업 중에 기억에 남는 게 있다면?

박윤희: 리사이클된 종이 원단으로 한복을 만든 적이 있다. 어느 시청에서 제안이 와서 참여했던 기억이 있다. 종이를 원단으로 옷을 만들었지만, 그런 느낌이 전혀 없어서 다들 놀랐다. 하지만 결과적으로 상품화 되진 못했다. 당시에 '이런 것도 보급화 될 수 있는 날이 오겠지' 라고 생각했다. 그게 벌써 2~3년 전이다. 관심을 갖지 않으면 안 된다. 외면하면 안 된다. 많은 업계 사람들의 관심과 고민이 필요하다.

종이 원단 의상의 경우엔 여전히 상용화가 힘든가?

박윤희: 아직까진 불가능하다. 그런 소재를 쉬이 찾을 수도 없을뿐더러, 다른 재료보다 원단가가 2-3배 높다고 한다면 누가 그걸 사용할 수 있겠나. 의식은 하고 있지만, 선뜻 앞에 나서진 못한다. 혼자 해결할 수 있는 게 아닌 것 같다. 가방 같은 액세서리의 경우 리사이클한 제품들이 인기를 얻고 있는데, 옷의 경우에는 또 다른 영역이다. 피부에 직접 닿는 것이다 보니 체감이 다른 것 같다. 누군가는 앞장서야 하는데….

패션계의 화두도 '친환경' '지속 가능한 패션' 아닌가? 구찌는 2018년도에 'Fur Free'를 선언했고 Versace, Burberry 등 다수의 브랜드가 동참했다. 스텔라 메카트니는 2020년 패션 컬렉션에는 'sustainable collection'을 선보이는 등 지속가능한 실천에 고심하고 있다.

박윤희: '윤리적 소비'라는 트렌드에 발맞춰 현대자동차와 함께 자동차 폐기물로 옷을 만들어 뉴욕에서 컬렉션을 선보인 적도 있고, 신현준 배우와

환경지킴이 컬래버레이션을 통해 2019 s/s 서울패션위크에 의미를 더하기도 했다. 환경에 대해 많은 고민을 한다.

앞으로 더 고민하면 그리디어스에서 유익한 결과물이 계속 나오지 않을까?

박윤희: 예전에 업사이클한 제품을 사용하는 사람을 보면, '굳이?' 라는 생각이 들 때가 있었다. 그런데 지금은 그렇지 않다. 오히려 좋아보인다. 환경을 지키는데 어떤 식으로든 일조하는 것 같은 생각도 든다. 소비를 하는데 내가 좋은 일을 하는 것처럼 느낀다니, 굉장하지 않나? 그 자체가 유행이 되는 게 중요하다. 발상도 중요하다. '이건 무조건 들어야 해!' 라는 생각을 갖게끔 마케팅을 하면 된다. 의식 있는 누군가가 이런 제품에 힘을 실어주는 활동을 해준다면 금상첨화다.

이번 '프로젝트99' 인터뷰가 의미있게 활용되면 좋겠다. 그럴싸한 말을 거의 못 한 거 같아 미안하지만, 여러 인터뷰이 중에 분명 누군가의 삶을 바꿀 만한 중요한 멘트가 있을 것이라 생각한다. 지나치게 바쁜 현대사회 아닌가? 대부분이 선택에 고민할 시간을 크게 할애할 수 없는 처지다. 그러니 이 책 한 권을 보는 것만으로, 각자의 마음에 중요한 생각들이 자리 잡았으면 좋겠다. 바깥에 나갈 때 이제 자연스럽게 마스크를 착용하는 것처럼, 모두 다 당연한 마음으로 플라스틱 쓰레기를 줄이는 데, 환경을 보호하는 데 동참하는 날이 왔으면 좋겠다.

"패션 업계에서는
종종 '유행은 돌고 돈다'라는
말을 하곤 하는데,
플라스틱은
그렇지 못 한 것 같더라.
대부분 돌고 돌지 못한다."

그것 플라스틱 쓰레기를 개작했을 뿐이다

패션 디자이너 박윤희

그저 흘러간 것 흥겨가를 기록했을 뿐이다

파라아이스하키 국가대표 감독 한민수

미루지 말고 뭔가
시작해야 한다

9일간 기록한 플라스틱 쓰레기들

그림 플라스틱 쓰레기들 기록했던 분인태

'2018 평창 패럴림픽'에서 파라 아이스하키 국가대표 주장으로서 선수단을 이끌며 사상 첫 동메달을 획득하고 현역을 떠났다. 이후 지도자의 길을 걷고자 미국에서 연수를 받고, 이후 대한 장애인체육회에 전문위원으로 활약한 바 있다. 그리고 마침내 베이징 패럴림픽을 앞두고, 파라아이스하키 국가대표팀 감독으로 부임하며 21년 만에 장애인 선수 출신 최초의 사령탑이 됐다.

장애인 아이스하키 국가대표팀 감독님이 됐다! 그토록 원했던 사령탑에 앉게
됐는데, 감독직을 처음 맡게 되었을 때 기분이 어땠나.

한민수: 은퇴 후 지도자가 되는 게 목표였다. 오랜 시간 해당 감독직은 비장
애인의 몫이었다. 그분들은 실제로 썰매를 타고 아이스하키를 해본 경험이
없다. 그렇다 보니 선수들 입장에서 아무래도 아쉬움이 남을 수밖에 없던 게
사실이다. '장애인과 비장애인이 함께 선수들을 지도한다면 좋을 텐데' 하는
마음을 늘 갖고 있었고, 은퇴 후에는 그 역할을 내가 이뤄내고 싶었다. 그걸
이루게 됐으니 기분이 굉장히 좋다. 물론 한편으로 걱정도 됐다. 선수로서
경험은 많지만, 지도자로서의 경험은 아직 모자랄 수 있어서다. 그런데 막상
감독이 되니, 지도 경험이 많은 비장애인 코치 두 분이, 나의 부족함 점을
채우며 큰 도움을 주셨다.

최근 열린 세계선수권 대회에서 세계 4위인 체코를 상대로 국가대표팀 감독
으로서 첫 승리를 거둬쥐었다. 또한 세계 5위인 노르웨이를 상대로 승기를
잡으며 4강 진출에 성공, 베이징 패럴림픽 티켓을 확보했다. 감독으로서 대회에
임하는 심정은 선수로 나갈 때와 다를 것 같은데.

한민수: 이제 감독 4개월 차에 접어든다. 그런데 한 3년은 한 기분이 든다.
그만큼 힘든 부분도 신경 쓸 부분도 너무나 많다. 선수 때는 내 몸 관리를
하면서 주장으로서 선수들만 챙기면 됐는데, 감독은 선수를 포함해 전체
스태프들을 관리해야 한다. 또 대외적인 일들도 도맡아야 하고, 중요한 결정을
내려야 하는 위치이기도 하다. 뭐 하나라도 잘못되면 전부 내 책임이라는
자세로 임하느라, 마음이 항상 무겁다. 감독이란 자리가 실제로 그런 것 같다.
권한만 주어지는 게 아니라 막대한 책임까지 주어진다. 더욱이 이번 대회는

코로나19 등으로 인하여 힘든 부분이 상당했다. 그럼에도 불구하고 큰 부상 없이 힘든 훈련을 잘 끝내고, 모든 경기에 최선을 다해준 선수들에게 특히 고마운 마음이다.

새로운 도전을 두려워하지 않는 것 같다. 앞서 보디빌더 대회에도 출전하고, 패션모델로서 런웨이를 밟기도 했다. 이러한 도전의 원동력은 무엇인가.

한민수: 내가 참 좋아하는 질문이다.(웃음) 처음 나의 도전은 자신에 대한 도전이었다. 장애를 가졌지만 내가 얼마만큼 강인한 정신력과 체력을 갖고 있는지 궁금했다. 그런데 어느 순간부터 내 도전이 누군가에게 꿈이 되고, 힘과 용기가 된다는 이야기를 듣게 됐다. 거기에서 더 보람을 느끼게 됐고, 도전을 계속하게 됐다. 패션쇼 당시에도 무대 뒤에서 40명의 톱모델이 "정말 멋있다"라고 하더라. 그런 말들이 내 도전을 계속하게 만드는 원동력이다.

환경을 위한 이번 프로젝트에 동참해 줘서 거듭 고맙다. 혹시 플라스틱 쓰레기 문제에 대해서 평소에도 관심이 있었나?

한민수: 물론이다. 동물들이 플라스틱 쓰레기를 먹을 경우 배출이 불가하다. 죽은 동물의 사체를 해부하면 쓰레기가 가득 차 있는 모습을 다들 한 번쯤 보지 않았나? 바다새, 바다생물들, 또 거북이 코에서 빨대를 빼내는 영상은 내게 굉장한 충격이었다. 환경 오염이 날로 심각하다. 플라스틱 쓰레기를 줄여야 한다는 것을 생각하면서도, 쉬이 실천에 옮기는 것이 쉽지 않았는데… 이번 프로젝트로 인해 9일간 기록을 하면서 다양한 생각을 하게 됐다. 그러니 오히려 내가 고맙다.

9일 동안의 플라스틱 쓰레기 기록은 어떠했나.

한민수: 페트병이 가장 많이 나왔다. 생수를 먹는데, 이렇게 많은 양이 나오는지 미처 몰랐다. 보리차를 끓여마시거나, 정수기 설치 등을 심각하게 고려하게 됐다. 바깥에서 음료 테이크아웃을 하게 되면 일회용컵 뚜껑 역시도 플라스틱이다. 아이스크림 가게도 마찬가지다. 우리 딸이 배스킨 라빈스31에서 알바를 하는데, 거기 뚜껑도 플라스틱이다. 의식하고 살피다보니 엄청나게 많다.

왜 이렇게 우리 주변에 플라스틱이 많을까.

한민수: 사용하면 편하니깐. 간장도 담고, 마요네즈도 담고, 물이 새지도 않고….

플라스틱 이용을 줄이려면 불편을 감수해야 한다.

한민수: 불편을 감수하더라도, 스스로 어쩔 수 없는 영역도 있지 않을까? 배달음식 같은 경우엔 내가 어쩔 수 없지 싶다. 그릇을 들고 매장으로 직접 받으러 갈 수 없으니깐. 일회용 렌즈 케이스의 경우에도 대체하는 것이 쉽지가 않다. 아예 일회용 렌즈를 사용하지 않는 것은 좀 힘들고.

배출되는 플라스틱 쓰레기를 기록하며 어떤 것을 느꼈을지 궁금하다.

한민수: 일상 생활 속에서 플라스틱이 정말 엄청나게 많구나- 하는 거. 줄일 수 있는 것을 줄여야 한다. 배출되는 플라스틱 쓰레기가 얼마만큼

어떤 형태로 재활용 되고 있는지도 궁금해졌다. 재활용 가능 여부를 명확하게 알려주면 더 좋겠더라.

플라스틱 쓰레기가 없는 삶, 과연 가능할까?

한민수: 텀블러 사용 정도는 할 수 있지만… 글쎄. 마요네즈나 케첩은 병에다 넣을 수 없지 않나? 대체가 불가능한 용품들 때문에 애매할 것 같다. 가격도 싸고, 편리해서 자꾸만 플라스틱에 손이 가게 된다. 코로나로 인한 마스크 사용으로 인해 나오는 비닐이나 플라스틱도 심각하다.

평소 환경을 위해 소소하게 실천하는 나만의 방식이 있을까.

한민수: 요즘엔 일회용 마스크를 사용하지 않는다. 여러번 사용 가능한 마스크를 착용하고 있다. 그리고… 아, 없나보다. 동물을 보고 너무 안타까워서 뭔가 해야한다고 늘 생각했는데, 망각했나보다. 그래도 이번 9일간의 기록으로 여러 생각을 했으니, 실천으로 옮겨야 겠다.

플라스틱 외에 요즘 내가 가장 관심이 가는 또 다른 환경 문제가 있다면?

한민수: 오존층! 우리 어릴 때 수도 없이 들었던 지구 온난화! 기후변화 문제를 막아야 한다. 남극의 얼음이 녹고, 지대가 낮은 나라들은 침수되고, 쓰나미가 발생하기도 하고… 인간의 편의 때문에 벌어지는 자연재해다. 미루지 말고 우리들이 무언가 시작해야 한다.

매거진99가 다음에 시도해보면 좋을 주제를 추천한다면.

한민수: 9명의 장애인이 9가지 도전을 해보는 것은 어떨까? 내가 보디빌더 대회에 도전한 것처럼, 장애인들의 의미있는 도전을 각각 다뤄보는 거다.

6개월 뒤면 베이징 패럴림픽이다. 국가대표 감독으로서 각오 한 마디 부탁한다.

한민수: 평창 패럴림픽 당시의 목표는 결승 진출이었다. 거기에서 우린 금메달보다 값진 동메달을 획득했다. 당시 함께 했던 선수들이 이번 대회를 준비하면서 그런 이야기를 하더라. "그때는 메달을 따야한다는 간절함 때문에 경기를 제대로 즐기지 못했다"고. 그래서 그렇게 말해줬다. "이번에는 즐기면서 해라. 그렇지만 평창올림픽 때 품었던 간절함, 열정, 그리고 힘든 훈련을 버텨낸 정신력을 잊지는 마라"고. 아마도 그렇게 하면 베이징 패럴림픽에서 평창에서 이루지 못했던 결승 진출의 목표를 이룰 수 있을 것이라 생각한다.

"기후변화는
인간의 편의 때문에
벌어지는 자연재해다.
미루지 말고
우리들이 무언가
시작해야 한다."

파라아이스하키
국가대표 감독 한민수

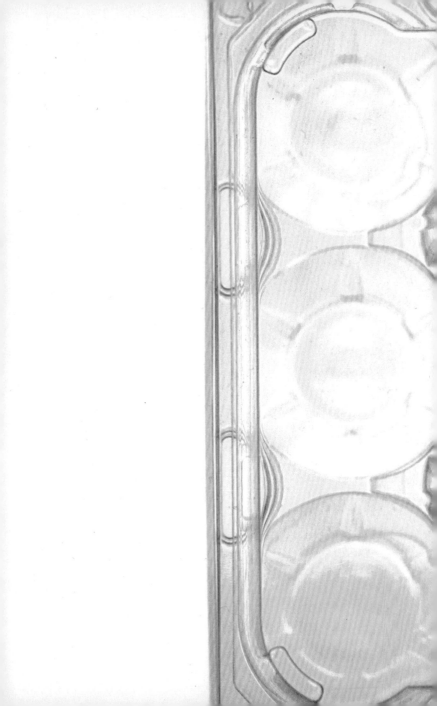

정신건강의학과 전문의 양재웅

그저 몹쓸스럽 뜨게가들 개드립을 불인다

어쩌면 무지가 가장 큰 문제

9일간 기록한 플라스틱 쓰레기들

[1일차] 본도시락, 하늘보리 3개, 고깃집 손수건 비닐포장

[2일차] 하늘보리 3개, 딸기우유 빨대

[3일차] 김밥 포장 뚜껑, 피자 사이사이 플라스틱 4개, 생수 1개, 하늘
보리 2개

[4일차] 하늘보리 2개, 물티슈 포장지, 생수 1개

[5일차] 생수 1개, 막걸리 1개 맥주 피쳐 1개

[6일차] 생수 1개 , 커피 1개, 빨대 1개

[7일차] 생수 1개, 커피 1개, 빨대 1개, 사이다 1개, 물티슈 포장지 2개

[8일차] 롯데리아 빨대 1개, 콘샐러드 용기, 헛개수 1개, 하늘보리 1개,
보쌈과 반찬 용기들 4개, 숟가락 1개 비닐 자르개

[9일차] 하늘보리 3개, 주문 도시락 용기3개 + 숟가락

양재웅은 대한민국의 정신건강의학과 전문의 겸 방송인이다. W진 병원의 대표원장. 수많은 프로그램에 출연했으며, '하트시그널'을 통해 인지도를 톡톡히 올렸다. 이후 '연예가중계'의 코너 '심야식談'에 고정 출연하며 '프로젝트99' 기획자인 박현민 편집장과 인연을 이어오고 있다. '심야식談' 진행자였던 배우 신현준, 박현민과 2019년 환경 사조직 '시작'을 결성한 바 있다. 한민수, 박윤희 역시 '시작'의 창립 멤버다. 현재 친형인 양재진과 함께 유튜브 채널 '양브로의 정신세계'를 운영하고 있다.

요즘 바쁘게 지내고 있나? 유튜브 잘 보고 있다.

양재웅: 예전과 비슷하게 살고 있다. 유튜브 촬영은 하나의 루틴이 됐다. 엄청 열심히 한다-라기 보다 출근하는 기분으로 하는 새로운 일이라는 게 더 정확한 표현이다.

9일 동안 꾸준하게 보내준 쓰레기 사진 잘 보았다. 예상만큼 나왔나?

양재웅: 정말로 내가 플라스틱 쓰레기를 많이 배출한다는 사실을 깨달았다. 음식 관련해서는 정말 플라스틱이 아닌 게 없구나 라는 걸 느꼈다. 일단 물을 사먹는데, 그 엄청난 양이 죄다 플라스틱에 담겨있다. 근데 이거 배출할 때 재활용 분리를 잘해서 버리면 되는 것 아닌가?

플라스틱 쓰레기로 배출되면 약 9% 정도 재활용 된다. 소각 처리 12%, 나머지 79%는 매립하거나 그대로 버려져 지구 표면에 남는다. 바다에는 매년 약 800만톤의 플라스틱 쓰레기가 흘러든다. 그게 모여서 쓰레기 섬이 탄생하기도 하고.

양재웅: 그렇게 많이 버려진다고? 그러면 일반 쓰레기는 어떻게 처리하는데?

대부분 소각한다. 플라스틱의 경우엔 소각할 때 유해물질이 나오니, 단순 소각도 용이하지 않다.

양재웅: 그렇게 재활용이 거의 안 된다는 사실을 처음 알았다. 우리나라만 그런가? 그러면 그 많은 쓰레기를 어떻게 처리하나?

동남아시아, 아프리카 같은 곳에 쓰레기를 수출하기도 하고…. 쓰면서 플라스틱 쓰레기가 많다는 것을 체감했나? 그중에서 어쩔 수 없이 나오는 쓰레기도 있지 않나.

양재웅: 일단 배달음식을 많이 시켜 먹는데, 플라스틱 쓰레기가 안 생길 수가 없다. 어릴 때 생각을 하면 중국집 그릇 찾으러 오는 것처럼 일회용을 사용하지 않는 방식도 있겠지만… 생각 만으로 불편하다. 더군다나 요즘은 코로나19로 인해서 다른 사람이 사용한 그릇을 쓰는 것도 불편한 마음이 들 수 있고. 카페도 요즘 머그컵 의무사용이 사라지고, 일회용으로 전환되지 않았나.

배달음식을 안 먹으면 되지 않나?

양재웅: 음. 해먹을 능력이 없다. 외식하기 어려운 때도 있지 않나? 코로나 문제도 있고, 핑계 같긴 하지만… 배달로 먹고 싶은 음식도 있지 않나? 아… 어쩌나. 나 정말 이렇게 말하고 있으니깐 문제 있는 사람 같이 느껴진다. 나만 그런가? 다들 어떻게 답했나?

아니, 오히려 이렇게 솔직하게 모르는 것을 말해주는 것도 도움이 된다. 프로젝트99에도, 그리고 이 글을 읽고 있을 독자분들에게도.

양재웅: 아, 모르겠다. 무지한 내가 무언가 깨달아가는 과정을 잘 담아주길 부탁한다.(웃음)

예전에 신현준 배우와 함께 환경 운동을 하자고 모임을 만들지 않았나?
나랑 박윤희 디자이너, 한민수 선수와 같이…. 그렇게 관심이 있었는데,
이게 도대체 무슨 일인가.

양재웅: 그 뒤로 전혀 진전이 없다. 바빴다. 그런 모임이 생긴다고 이야기를
나누고, 좋은 의도인 것 같아서 관심을 갖게 됐다. 그리고 배우고 싶기도
했는데… 뭔가 흐지부지됐다. 방금 이 짧은 인터뷰 도중에도 너무 놀라운
사실들을 많이 들었고, 충격을 받았다. 나 혼자, 지구를 위한 노력을 전혀
하지 않고 있는 것 같다.

인권과 관련된 일들을 많이 하지 않나. 충분히 대단하다고 생각한다.

양재웅: 위로해줘서 고맙다. 환경을 위해서 직접적으로 하는 것은 없지만,
친환경 소재의 옷을 만드는 이들이 있는데, 그분들이 무얼 하자고 할 때
도움을 드리려고 노력한다. 직접적으로 현물을 투자하는 것은 아니지만,
필요한 사람들을 연결시켜주기도 하고, 행사 같은 이벤트가 있을 때 웬만
하면 더 참석하려고 애쓴다.

친환경 소재의 옷이면 가격 경쟁력에서 어렵지 않나? 박윤희 디자이너가
실용화시키기 힘들다고 하던데….

양재웅: 비싸긴 하지만 기본적으로 스타트업 기업들이라, 정부에서 지원
이나 이런 게 많다고 들었다. 시작한지 오래되지 않았지만, 안정적으로
운영을 하고 있는 것으로 안다.

패션업계도 분명 변하고 있다. 명품 브랜드들이 재고가 생기면 전부 태워서 없애버리기도 했는데, 이제는 브랜드에 따라 리사이클이나 업사이클 형태로 활용되기도 한다. 대부분의 명품이 친환경 노선을 향하고 있다. 그런데 우리나라는 생각보다 이런 부분에 소극적이다.

양재웅: 몰라서 그런 것 아닐까? 나도 재활용으로 배출해도 재활용이 안 된다는 사실을 처음 알았다. 관심은 다들 있지만, 그걸 알아보려고 노력하진 않는 것 같다. 다른 인터뷰이도 나 같은 상태는 아닌가?

파비앙의 경우에 프랑스에 살던 어린 시절부터 학습이 돼 지나친 플라스틱 사용 자체에 눈치가 보인다고도 하더라. 비행기를 타는 것도 환경을 오염시키는 행위라 부끄러워했다. 박준우의 경우엔 식자재 포장에 대한 유통 업자의 욕심에 대해 이야기했다. 이런 이야기를 들으면서 프로젝트99 하길 잘했다는 생각이 들었다.

양재웅: 나는 어쩌나⋯. 배달음식을 시킬 때 일회용품 주지 말라는 체크 정도는 한다. 배달음식을 줄이긴 힘들 것 같으니, 물이라도 끓여먹는 것을 고민해봐야 겠다. 그런데 식당을 가더라도 물티슈를 쓰지 않나. 아무리 생각해도 개인의 노력으로 해결 가능할까에 대한 생각이 든다. 세금을 매기면 그제서야 노력을 좀 하지 않을까.

프로젝트99로 기록하니, 체감한 게 있을 것 같다.

양재웅: 누군가 이런 정보들을 편안하게 전달해주면 좋겠다. '프로젝트 99'가 그런 매개체가 되어주면 좋겠다. 어쩌면 무지가 가장 큰 문제인 것

같다. 환경을 오염시키는 행위를 하면서도 별다른 문제 의식이 없었다.

그건 이번 프로젝트99에 참여한 대부분의 인터뷰이의 의견이기도 하다. 아무래도 직접적으로 눈에 보이거나, 직접적으로 크게 체감하는 것이 없으니깐 그런 것 같다.

양재웅: 부끄럽다. 환경에 대해서 너무 몰랐다는 사실을 확실하게 알게 됐다. 많은 사람이 아마 나와 비슷한 처지가 아닐까? 솔직히 먹고 사는 문제에 대해서 완전하게 벗어나야 환경 문제에 대해 비로소 이야기를 나눌 수 있는 것 같다.

소비자가 아닌 제조사나 유통업자의 의식 있는 행동도 필요하다.

양재웅: 코로나19로 인해 규제도 쉽진 않을 것 같다. 법적인 것 뿐 아니라, 전반적으로 그런 것에 대한 기업의 무지가 부끄럽다는 인식이 들게 하는 것도 중요한 것 같다.

플라스틱 외에 관심을 갖고 있는 환경분야가 있을까?

양재웅: 태양열 발전이다. 대체 에너지! 분양을 받아서 실제로 운영을 해오고 있는 게 꽤 됐다. 민간 기업이 수주를 따면, 지원자를 모집해서 운영된다. 난 거의 최소 규모로 하고 있는 중이다. 대출을 포함해서 들어가니깐, 부담이 생각보다 크진 않다. 수익도 난다.

태양열 발전이라니, 뭔가 굉장하다. 얼마나 됐나?

양재웅: 4년 정도 됐다. 수익이 많이 나는 것은 아닌데, 그래도 단순히 수익사업이라는 생각보다는 의미있는 일이라는 생각을 들게 하는 점이 좋다. 전망까진 모르지만, 일정기간의 거치기간이 있다. 비슷한 형태로 풍력 발전도 가능한 것으로 안다.

안심해도 되겠다. 앞의 무지를 만회할 수 있게 됐다! 대체 에너지에 대한 이야기는 프로젝트99 인터뷰 중에 처음 나온 것 같다.

양재웅: 태양열은 좀 상용화 되지 않았나? 개인도 건물에 설치가 가능하다. 수익이야 얼마가 나든, 아무튼 지구를 위한 일이라고 생각하면 된다. 같은 방식으로 요즘 전기차가 업계에 큰 이슈가 되고, 그에 따른 관심이 쏠리는 것도 좋은 현상이라고 본다.

개인 용품이 아니니 기록에서는 제외됐지만, 병원에서 나오는 플라스틱 쓰레기도 상당하지 않나? 주사기나, 약 포장지 같은 것만 생각해도….

양재웅: 주사기 같은 경우에는 의료 폐기물 같은 것에 모아서 보낸다. 주사기를 포장하는 용기도 비닐이다. 약 같은 경우에는 정말 플라스틱이 많은 영역을 차지하고 있다.

약의 보존 같은 것 때문에 어쩔 수 없지 않을까. 대체가 없는 경우라면 무작정 사용하지 말라고 할 수 없다.

양재웅: 그런 것도 있다. 우리 병원의 경우와 무방하지만… 수술을 하는 경우 예전엔 헝겊으로 된 옷이었는데, 요즘 전부 다 일회용으로 바뀌었다. 수술복을 입고 소독하고 빨래하고 하던 것을, 그런 형태로 교체됐다. 오염에 대한 문제이니, 이 부분도 어려운 문제 같다.

끝으로, 프로젝트99가 앞으로 어떤 주제를 다뤘으면 좋겠는지 말해달라.

양재웅: 이미 대단히 잘하고 있는 사람도 좋지만, 나처럼 잘 모르고 평범한 사람도 인터뷰이에 꼭 넣어달라. 난 인터뷰를 하면서도 여전히 의문 투성이다. 플라스틱이 이렇게까지 환경에 해로운데, 무분별하게 플라스틱을 사용하고 있었던 내가 부끄럽다.

처음에 플라스틱이 나왔을 때는 미처 생각하지 못했던 문제들이 뒤늦게 불거진 거다.

양재웅: 어렵다. 빨리 많은 사람들에게 알려야 한다. 너처럼 현상을 보는 업을 가진 사람들이, 더 적극적으로 잘 알려줬으면 좋겠다. 생업에 매달린 사람들도 다들 알 수 있도록 말이다. 그러니깐 프로젝트99가 앞으로 더 흥해라!

현상을 보는 사람을 넘어서, 보여주는 사람이 되고 싶다. 이 프로젝트를 준비하면서 환경 관련된 책들을 많이 뒤져봤는데, 생각보다 많지 않았다. 알 수 없는 용어들로 어렵게 쓰여진 책들도 많았고.

양재웅: 좀 편하게 전달해달라. 문제가 있는 것은 문제로 인식할 수 있게 말이다. 프로젝트99라는 플랫폼이 환경에 대한 것들을 위주로 다뤄도 좋을 것 같다. 오래도록 대중문화 분야에서 직접적으로 접하고 있으니, 전달 방식도 현실적이니깐. 응원한다!

"플라스틱이

이렇게까지

환경에 해로운데,

무분별하게
플라스틱을
사용하고 있었던
내가 부끄럽다."

그게 플라스틱 쓰레기들 가치행은 뿐이다

정신건강의학과 전문의
양재웅

영화감독 김의석 │ 시나리오 작가 이한나

쓰레기가
발생하지 않는 마법

그저 플라스틱 쓰레기를 가득품은 분연대

9일간 기록한 플라스틱 쓰레기들

김의석 감독은 충무로가 주목하는 영화감독이다. 전여빈, 서영화, 고원희 등이 주연한 영화 '죄 많은 소녀'로 제22회 부산국제 영화제 뉴 커런츠 상을 수상한 바 있다. 또한 지난해 문소리 배우와 호흡한 TV시리즈 '인간증명'을 통해 SF 장르로 자신의 영역을 확장하며 다시금 주목받았다. 이한나 작가는 김의석 감독과 함께 '인간증명' 각본가로 이름을 올렸다. 김의석 감독이 준비중인 신작 역시도 현재 공동 집필중인 상황이다. 더불어 이한나 작가는 한지 소재로 가죽을 구현한 친환경 가방 브랜드 '나나nah nah'의 론칭을 목전에 두고 있기도 하다.

플라스틱 쓰레기 문제에 대해 평소에도 관심이 있었나?

김의석: 보통이다. '썩지 않는다' '환경에 문제가 된다' 정도 알고 있었고, 가끔 덜 쓸 기회가 있으면 덜 쓰는 정도다. 그냥 그렇게 살았는데, 와이프가 그 쪽에 관심이 많아서, 어느 순간 관심이 늘어났다. 살면서 자연스럽게 배우게 되는 게 많았다. 어느 정도 실천을 해가려고 바꾸고 하는 중에, 이런 제안을 주셔서 참여하게 됐다.

이한나: 동물 사진들을 보면서 관심을 갖게 됐다. 많이 아시다시피… 거북이 코에 빨대가 박힌 사진 같은 거.

살면서 자연스럽게 배우게 된 건… 어떤 것들이 있을까?

이한나: 결혼하고 장을 볼 때, 이중 포장된 것은 가급적 사지 않고 있다. 가까운 곳은 용기를 들고가서 받아올 수 있는지 체크를 한다. 쉽지 않다. 반찬 가게 같은 경우에도 이미 나눠서 포장을 해둔 상태라…. 커피는 웬만하면 머그컵으로 사용한다. 기존 수세미는 아크릴이 많이 나온다고 해서, 삼베 같은 천연 수세미를 알아보기도 한다. 코코넛으로 만든 수세미가 있다고 해서 산 적이 있는데, 거기에서도 아크릴이 나오더라…. 뭔가 배신 당한 기분이 들었다. 그래서 더 제대로, 잘 알아보려고 하는 편이다.

실천하려고 해도 정작 그런 제품을 찾는 일이 쉽지 않다.

이한나: 화장품도 가급적 종이 포장으로 되어 있는 브랜드를 찾아서 사고 있다. 칫솔도 대나무 칫솔을 이용한다. 근데 아무래도 사용하다보면

일반 칫솔에 비해서 퀄리티가 좀….

김의석: 죄송하다. 난 아직 보통 칫솔을 사용하고 있다.

9일 동안 플라스틱 쓰레기가 얼마나 나왔나? 기록을 시작하기 전 예상은 어땠고, 그 예상과 얼마나 일치했을지 궁금하다.

김의석: 사실 더 적게 나올 거라고 생각했는데… 막판에 안 먹던 과자랑 요구르트를 갑자기 많이 먹었다. 물론 억지로 먹은 것은 아니다. 그것 때문에 갑자기 플라스틱 쓰레기양이 확 늘었다. 들쭉날쭉하겠지만, 많이 나온 것 같다.

가장 플라스틱 쓰레기를 많이 써야했던 상황은 언제였나? 분명 의식하고 있는데도 불구하고 플라스틱 사용을 다른 방식으로 대체할 수 없던 순간이 있진 않았나?

김의석: 기성제품들은 어쩔 수 없는 부분들이 많다. 작업실을 가는 길에 있는 가게에서 샌드위치를 자주 사먹는데, 사장님께 몇 번 이야기 했더니 포장을 하지 않은 채 주신다. 그런데 사실상 내게 주실 때 있던 비닐을 벗겨주는 형태다.

이한나: 병원에서 약 처방을 받을 때 발생하는 비닐 같은 것도 있고, 안약이나 렌즈 기본케이스, 이런 것들은 제가 어떻게 할 수 없는 부분인 것 같다.

김의석: 그것도 있다. 캡슐 커피… 좀 난감하다. 캡슐에 플라스틱 분류 번호도 따로 없어서, 재활용 분류할 때 고민이 늘어난다. 표기가 되어 있지 않으니, 일반 쓰레기로 버려야 하는 건가 싶기도 하고…. 캡슐 커피를 마실 때마다 조금 죄책감이 들게 된다. 가장 좋은 것은 커피를 안 마시고 참아야 하는데…. 그게 잘 안된다.

9일 동안, 배출되는 플라스틱 쓰레기를 기록하며 어떤 것을 느꼈나?
김의석: 솔직히 이렇게 면밀히 살펴본 적은 없었다. 해보니깐 '이렇게 하면 더 많이 줄일 수도 있겠다' '노 플라스틱도 해낼 수도 있지 않을까' 싶더라. 치약 용기 같은 경우에 어쩔 수 없이 정기적으로 발생하는 쓰레기였는데, 그것 역시도 캔에 들어있는 가루치약이 있다고 한다. 그것까지 실천하고 나면 완전한 '플라스틱 프리'도 가능하지 않을까 싶다. 가능성을 봤다.

이번 참가자 중에 아예 '플라스틱 프리' 해도 좋았을 것 같다는 사람도 있었다.
김의석: 다들 의욕이 생기나 보다. 도전해보고 싶은 욕구가 생겼다.

이한나: 요즘에는 전보다 관심을 더 많이 가지시는 것 같다. 그렇지만 실천이 어렵다. 그걸 내세웠지만 실상은 거짓인 브랜드의 경우도 있고, 퀄리티 면에서 사용이 불편한 안타까운 면도 있다. 지금 열심히 바꾸는 중이다. 샴푸도 샴푸바로 바꾸고, 세제도 설거지바로 바꾸고 있다.

비누 형태? 말로 들었지만 사용해보지 못해서 궁금하다. 관건은 '불편함'을 감수할 수 있느냐가 아닐까. 예전에 만들던 잡지에서 그런 제품을 소개하는 코너가 있었는데, 성능까지 좋은 경우가 생각보다 많지 않았다.

이한나: 요즘은 경쟁업체가 많아졌다. 그러다보니 좀 괜찮은 게 생기더라. 샴푸는 종류에 따라서 안 맞는 경우도 있지 않나? 개인적으로 샴푸바는 괜찮았다. 이런 제품들은 배송부터 종이 박스로 온다. 포장지도 완충제도 친환경적인 소재들로 구성되어 있다.

김의석: 소비자 니즈가 늘어서, 돈이 되기도 하니깐… 앞으로는 자연스럽게 퀄리티가 더 올라갈 거 같다. 일단 평타만 쳐도 경쟁력이 있지 않을까.

이한나: 그런데 요즘 코로나19로 인해 다시 역행하는 부분도 생겼다. 내가 다니던 카페는 아예 플라스틱을 사용하지 않던 카페였는데, 코로나가 터지고 결국 대부분 플라스틱으로 바뀌었다. 편의성도 그렇지만, 아무래도 가격적인 면도 고려해야 하니깐.

플라스틱 쓰레기가 없는 삶이 과연 가능할까.
김의석: 가능하지 않을까?

이한나: 그런 기사를 봤다. 코카콜라가 페트병 말고, 종이 소재로 바뀐다고. 그렇게 대기업들에서 조금씩 그런 걸 생각하고 움직여준다면, 장기적으로 봤을 때 가능하지 않을까? 산업 논리에서 봤을 때, 그 소비층이 많아 지면 기업도 변화를 할 수 밖에 없으니깐. 희망적으로 바라보고 있다.

가능할 거라고 생각한다!

평소 환경을 위해 실천하는 나만의 방식이 있다면.

이한나: 앞서 세제 같은 경우에 큰 통을 사서 작은 통에 덜어서 사용했다. 그러면 결국 시간이 지나면 플라스틱 통이 2개가 나오는 것 아닌가? 결국 쓰레기가 늘어났다. 그러던 중 '일년에 두 잔 정도의 세제를 마신다'는 기사를 접했다. 안 되겠다 싶어서, '솝베리soapberry'라는 소프넛 열매를 샀다. 솝베리를 끓여서 세제를 대체할 수 있다고 해서.

열매를 사서, 그걸 끓여서 세제를 대체한다?

이한나: 그렇게 하면 쓰레기가 전혀 발생하지 않는다. 끓이면 열매가 남아있고, 물은 세제 색처럼 변한다. 그걸 유리병에 담아서 물과 원액을 1:1 비율로 해서 사용하면 된다. 끓이면 열매가 흐물흐물해지는데, 그건 화분에 주면 된다.

김의석: 주문하면 자루가 온다. 열매랑 종이백 같은 티백.

이한나: 음… 이걸 쓰면 좀 시큼한 냄새가 난다. 세제는 기름이 덜 닦이기도 해서, 생각보다 많은 원액을 써야 했다. 솔직히 좀 귀찮기도 했다. 그래서 알아보고 설거지바를 샀다. 근데 그 비누도 결국 솝베리가 원료였다. 비누는 상대적으로 시큼한 냄새가 조금 덜하다. 거품도 잘 나는 편이고, 세척 효과도 직접 끓여서 사용한 것보다 더 좋았다.

세탁할 때는 그냥 주머니에 열매를 담아서 넣으면 된다. 보통은 8개, 세탁물이 많으면 12개 정도를 넣고 세탁기에 돌린다. 거품이 막 생긴다. 그렇게 빨래를 하고, 햇볕에 건조하면 끝이다. 아, 12개 정도를 넣은 주머니를 5번 정도 사용할 수 있다! 다 사용하고 나면 화분에 버리면 된다. 정말 좋지 않나?

예상하지 못했던 어마어마한 분이 여기 있었다.

김의석: 그런 걸 하는 걸 재미있어 한다. 결혼하고 초반에 이런 관심이 생겼을 때, 약간 과학 실험실 같았다. 냉장고에 붙여놓은 걸 보면, 어떤 비율 같은 것도 있고….

어떻게 그런 관심을 갖게 됐을까? 계기 같은 게 있나?

이한나: 일주일에 한 번 분리수거를 하는데, 쌓이는 게 보여서 미치겠더라. (웃음)

김의석: 처음엔 정말 많이 들고 나갔다. 그런데 지금은 재활용이 거의 안 나와서… 2주일에 한 번 버리는 경우도 있다.

세탁물의 경우에도 시큼한 냄새가 나나? 그럼 좀 불편하지 않을까.

이한나: 기존 세탁 세제의 경우엔 화학성분 때문에 실내에서 말리면 기관지에 안 좋다고 한다. 그런데 솝베리는 열매라서 그런 걱정을 안 해도 된다.

마르면서 냄새가 날아가는 편인데… 남편은 조금 냄새에 민감하긴 하다. (웃음)

김의석: 섬유유연제 냄새가 그리울 때가 좀 있다. 불편하기도 하지만, 그것 보다 신기한 구석들이 많다. 이제는 어떤 정보에 의심을 품고, 그걸 확인 하는 역할도 수행(?)한다.

혹시 더 있을까. 뭔가 계속 나올 거 같아서….

이한나: 요즘 관심은 휴대폰 케이스다! 전부 다 플라스틱이다. 솔직히 예전에 귀여운 거에 환장(?)했는데, 이제는 고민하게 된다. 플라스틱이 아닌 소재도 있는데, 그건 또 디자인이…. 그래서 안 끼고 다닌다. 생폰이다! 어차피 오래된 폰이기도 해서.(웃음)

이런 관심들이 가방 제작과정에도 반영됐다. 선인장 가죽도 나오고, 이탈 리아에서는 포도가죽도 만든다고 하는데… 소재를 외국에서 가져오는 것은 또다른 고민 지점이 생긴다. 비행기를 통해 들어올텐데, 그러면 다시 환경 오염에 엄청 악영향을 끼치는 꼴이다. 결국 국내에서 할 수 있는 것을 찾자고 한 것이 당장 한지였다. 다양한 실용적인 방안을 고민하고 있다.

관심이 생길수록, 더 어려워지는 부분이 있다. 텀블러가 일회용 컵보다 환경에 도움이 되려면 70회 이상을 사용해야 한다.

이한나: 맞다. 에코백도 사실은 그렇게 친환경적이지 않은 부분도 있다.

여기저기 업체에서 사은품으로 지나치게 많이 제공해서 오히려 사용하지 않고 쌓이는 양이 늘어나기도 한다.

'이렇게 하면 좋다'는 가이드라인이 있으면 좋겠다. 각자의 라이프스타일에 맞춰서.

김의석: 그런 요소들을 취합해 알려주는 역할을 '프로젝트99'가 해주면 좋지 않을까?

솔직히 그런 마음으로 시작했다. 아직 모르는 부분이 많고, 이야기를 나누며 배워간다는 취지로.

김의석: 좋은 접근 방식이라고 생각한다. 나같은 경우만 봐도, 관심은 있지만 일반적인 지식만 가지고 있는 사람이었는데 생활권 안에 그것을 알려주는 사람이 있으니깐 자연스럽게 습득이 됐다.

이한나: 바람이 있다면, 계기를 통해 더 공부하는 거다. 에코 오오티디 ootd를 하는 사람들이 요즘 많이 보인다. 중고샵이나 세컨핸드샵에 가서 옷을 사는 건데, 깨끗하게 진열이 되어있다. 예전과 달리 중고 제품을 사는 게 부끄럽지 않고, '이게 환경을 위하는 행위다'가 되어 자랑하고 싶은 게 된다. 버리지 말고 판매하자!

중고거래, 그 다음은 결국 소비를 줄이는 방안으로 흐른다.

이한나: 맞다. 웬만하면 옷을 오빠랑 같이 입고, 여동생이랑도 같이 입는다. 소비 자체를 줄이려고 노력하고 있다. 다만 피치 못 한 소비를 할 때면, 업사이클 제품도 염두하면 좋을 것 같다.

영화 촬영장에서 시도할 수 있는 부분도 있지 않을까.

김의석: 영화 촬영은 굉장히 많은 인원이 모여서 움직이는 거라서, 어떤 방식이든 훼손을 하게 되는 거 같다. 자연도 그렇고, 문화재일수도 있고, 눈에 띄는 큰 훼손이 아니더라도, 약간의 상처를 내는 경우가 있는데 그것에 상응하는 아이디어를 현장에 맞춰서 내는 방식으로 하면 어떨까 생각하고 있다. 다만, 실현하기 위해서는 여러 사람을 설득시켜야 하는 과정이 필요하니 쉽진 않겠지만.

아무래도 영화 제작이 우선이니깐.

김의석: 아이디어를 좀 찾으면 좋을 거 같다는 생각을 하고 있다. 종이컵을 안 쓰고, 플라스틱을 적게 쓰고 하는 것들은 마이너스에서 제로를 향해 가는 거지 않나? 그것과 함께 무언가 플러스로 기여할 수 있는 방식을 찾게 된다면 훨씬 더 좋지 않을까. 영화 촬영 기간이 길다. 그 안에서 소모임이 생기기도 할 정도다. 긴 시간인 만큼 많은 사람이 좋은 방향으로 뜻을 모으는 것도 가능하다고 생각한다. 그렇지만 아직까지 선례가 많지 않다. 그래서 '내가 과연 그럴 자격이 되나?' 이런 생각에 빠지기도 한다.

불편한 시선도 존재하겠지만, 그렇게 해서 단 한 명이라도 영향을 끼칠 수 있다면 성공이다.

김의석: 나도 그런 쪽으로 생각을 하고 있다.

앞으로 두 사람이 해보고 싶은 게 또 있을까?

이한나: 채소 같은 식재료의 비닐 포장이 너무 과하다고 생각한다. 그래서 조그맣게 상추 이런 것은 키워서 먹어보고 싶다. 우리끼리라도.

김의석: 나도 그런 걸 할라고 그랬는데!

플라스틱 외에 요즘 내가 가장 관심이 가는 또 다른 환경 문제가 있다면

이한나: 야생동물이 줄어가는 걸 방송을 통해 접했다. 인간들의 편의 때문에, 동물이 살 수 있는 환경이 줄어들게 된다고… 그런 것에 죄책감을 많이 느끼고 있다. 제주도의 경우에 하루 한 번 꼴로 고라니가 로드킬로 죽는 다는 사실도 충격이었다. 바다의 산호도 여러 가지 이유로 줄어가고 있는데, 그런 부분들에 굉장히 관심이 많다.

김의석: 이런 부분들을 늘 대단하다고 생각한다. 우리가 그걸 어떻게 개선할 수 있을지 잘 모르겠어서, 가끔은 바보가 된 느낌도 든다.

지금 이런 고민과 이야기가 모여서, 어떤 가이드를 만들 수도 있지 않을까? 그럼 끝으로 프로젝트99가 다음에 시도해보면 좋을 주제를 추천해달라.

이한나: 제로웨이스트에 도전해보고 싶다. 그리고 9일 임산부 체험은 어떨까? '남자도 힘들어봐!' 이런 게 아니라, 함께 아기를 키우는 것이니만큼 조금 더 이해도를 높이기 위해서다. 많이 개선된 부분들이 있지만, 여전히 어려운 부분들이 있으니깐. 영화감독은 이런 이야기를 만들어가는 직업이기도 하니, 좋은 학습이 되지 않을까? 노인 체험도 해보면 좋을 것 같다. 특수 분장까지는 아니더라도, 간단하게 몸의 몇 kg을 채워서 다니면 비슷한 느낌을 받을 수 있다고 하니깐.

마지막까지 훌륭하다.

이한나: 관심만 있다. 여전히 부족함 투성이다.

김의석: 늘 배우고 있다.

"솝베리를 끓여서
세제를 대체한다.
끓이고 난 뒤
흐물흐물해진 열매는
화분에 주면 된다.
그러면 쓰레기가
전혀 발생하지 않는다."

영화 감독 김의석
시나리오 작가 이한나

그저 즐겁고 싶어 죽거나 가득했던 뿐이다

소설가 윤고은

세상을 여행하는
모든 쓰레기에 대한 고찰

-Interview by 정지은

9일간 기록한 플라스틱 쓰레기들

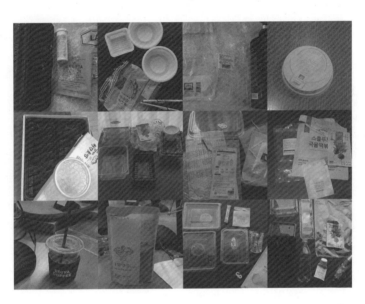

 일상에서 기발한 문장들을 집어 올리는 윤고은 소설가는 전작 '밤의 여행자들', '해적판을 타고' 등 평소 다양한 환경 문제에 관한 경각심을 작품들에 새겨왔다. 재난이 쓸고 간 자리에 남은 해양 쓰레기들, 어느 날 집 앞마당에 묻힌 정체불명의 폐기물에 관해 깊게 고찰해온 그는 오래전부터 플라스틱의 안부에 관심이 많아 플라스틱이 어디에서 어떤 형태로 버려져 있는지에 대해 물어왔다. 그는 프로젝트99와 함께 '9일간 플라스틱 쓰레기의 기록'에 도전했다. 활자를 넘어 삶에 밀착된 쓰레기를 살펴보는 시간을 통해 그는 세상에 존재하는 환경 문제와 인간의 욕심으로 인해 세상을 의도치 않게 여행하고 있는 쓰레기에 관한 이야기를 꺼냈다.

전작들에서 환경 문제나 쓰레기에 대해 부단히 언급했다. '밤의 여행자들'에서는 재난이 쓸고 간 자리에 남은 해양 쓰레기를, '해적판을 타고'는 후쿠시마 원전 사고 방사능 폐기물에서 착안한 작품이지 않나.

윤고은: 내 장편소설에는 동물실험이나 불법 폐기물에 대한 공포, 기후위기와 지구 생태 용량에 관한 이야기가 등장한다. 2013년 출간된 '밤의 여행자들'이 지난해에 번역본으로 다시 출간됐다. 그 과정에서 '밤의 여행자들'이 직역 제목 대신 'The Disaster Tourist(재난 관광자)'라고 바뀌고 에코 스릴러라는 장르가 붙었다. 그때 그 말 자체를 처음 들어보았고 '좋은 에코 스릴러 작품이란 무엇인가'에 대한 인터뷰도 했다. 코로나 상황이 되고 나니 환경적인 것들, 에코 스릴러가 담긴 것들이 더욱 눈에 보였다. 나는 오래전부터 단어와 사물, 현상으로 책장을 구성하기 좋아했었다. 그러한 키워드 중 하나가 쓰레기였다. 초기에는 사회에서 배제된 것 같은 사각지대, 잉여처럼 취급되는 사람들 이야기를 좋아했었는데 이제는 우리 생활에 많은 영향을 미치는 쓰레기들, 폐기물들에 관한 관심에서 비롯된 책을 많이 읽는다. 지난해에 많이 읽었던 책의 종류도 지구에 대한 것들이었다.

맨 처음 이 제안을 받았을 때 어땠으며 지난 9일간의 경험은 어떠했나?

윤고은: 처음 제안을 받았을 때 나와는 생뚱맞다고 느껴지진 않았고 반가웠다. 노래 연습을 해서 9일 후에 음반을 내야 했다면 거절했을 것이다. (웃음) 책으로 읽는 것과 같이 이론적인 방식을 떠나 혼자서 9일간 내 삶으로 실험을 한 것 같다. 지식으로는 알고는 있었지만 차마 인식하지 못했던 민낯을 본 느낌이다.

지난 9일간 플라스틱 쓰레기가 얼마나 나왔는지, 쓰레기를 보며 무슨 생각이 들었는지 궁금하다.

윤고은: 시작하자마자 집에서 대용량 트리트먼트가 떨어졌다. 1년 전에 산 것인데 왜 하필 떨어진 것인지 이해가 안 갔다. 이 도전이 끝난 후나 그 전도 있을 텐데 '왜 하필 지금 떨어지는 거야'라는 생각을 하자마자 내가 지금 이 도전을 뭐라고 생각하는 건지 웃기다고 생각했다. 7시 이후에 단식인데 그전까지 폭식하는 느낌이었다.

시작 전 예상했던 과정과 지금의 결과 사이에 어떤 차이점이나 깨달음이 있었나?

윤고은: 별 부담 없이 생각했는데 기록하려고 보니 내 삶에 이미 소리 소문 없이 들어왔던 플라스틱이 많았다. 소비자로서도 플라스틱을 대신할 선택지가 많이 않다보니 내가 엄청나게 노력하지 않는 이상 플라스틱을 배제할 수 없는 느낌이 들었다.

처음부터 망한 것 같았다.(웃음) 채식에 도전한다면 오히려 준비가 될 텐데 계속 시작점을 미루고 싶다는 생각이 들었다. 내일 택배가 와서 플라스틱 쓰레기가 나오니 택배를 받은 후 내일 모레부터 시작해야겠다는 생각 자체가 너무 웃겼다. 이게 나의 플라스틱에 대한 이중적인 태도라는 것을 깨달았다. 플라스틱과 나는 부담 없는 관계였던 것이다. 플라스틱은 귀해서 집까지 잘 모셔야 한다는 느낌도 아니고 휴대하기에도 용이하다. 플라스틱을 가지고 있다고 해서 사람들이 쳐다보는 것도 아니고 일상에서 편히 쓸 수 있다. 정말 별 부담 없는 관계인 것이다.

가장 플라스틱 쓰레기를 많이 써야 했던 상황은 언제였으며 플라스틱 사용을 다른 물건으로 대체할 수 없는 경우는 언제였나?

윤고은: 외부 활동을 할 때 그런 경우가 많았다. 요즘에는 라디오방송국과 집을 오가는 게 내 일상의 동선인데, 텀블러를 챙겨 다니지만 그걸로 커버할 수 없는 순간도 생긴다. 예를 들어, 커피를 선물받을 때는 이미 플라스틱 용기에 담겨있는 경우가 있기 때문이다. 방송국에서나 집에서나 초밥을 포장해 먹을 때가 있는데, 그때마다 플라스틱 용기가 몇 개씩 발생하는 것을 감수해야 한다는 것도 좀 슬펐다. 심지어 초록색의 풀 모양 플라스틱까지 발생했다.

플라스틱으로 인식하지 못했던 것 중 하나는 책을 싸는 비닐이었다. 출판사나 동료 작가들에게서 책이 배달되어 올 때, 또 내가 인터넷 서점에서 책을 주문할 때도 그것은 비닐 포장이 되어 오는 경우가 많다. 배송 중 손상을 막기 위한 선택인 것 같기는 한데 뭔가 다른 방식이 없을까 고민하게 됐다.

플라스틱 쓰레기가 없는 삶이 존재할 것이라 믿는가?

윤고은: 얼마 전, 사람이 두 시간을 걸어 들어가야만 겨우 닿을 수 있는 깊은 동굴의 끝에서도 플라스틱이 발견되는 것을 보고 충격을 받았다. 플라스틱은 지구를 떠날 수도 없다. 모든 개인이 이고 지고 살아야 하는 건데, 마트에 놓인 플라스틱 제품들을 보고는 당연하게 여기면서도, 플라스틱 쓰레기로 뒤덮인 도시를 보면 얼굴을 돌리고 싶어지는 게 인간의 간사한 마음이다.

플라스틱은 다양한 형태로 가공하기 쉽다. 무게도 가벼운데 보존성도 있고 저렴하다. 우리 삶 깊은 곳까지 이미 들어와 버렸는데 플라스틱 쓰레기가 아예 없는 삶이 과연 가능할까? 솔직히 어려울 것이라 생각한다. 분해 가능한 플라스틱의 대중화 같은, 새로운 탈출구가 생기길 바라고 있다. 그래도 플라스틱 쓰레기에 대해 많은 사람들이 생각하기 시작했다는 것, 우리 피부처럼 가까웠던 그것에 대해 고민하기 시작했다는 것은 긍정적이다. 이미 지구의 여섯 번째 대멸종이 시작되었기 때문에 너무 늦은 기분이 들긴 하지만, 이제 우리에겐 선택권이 없다. 플라스틱 제로가 되진 못해도 그쪽으로 나아가는 수밖에. 덜 만들고 덜 쓰는 수밖에 없다.

그렇다면 플라스틱을 조금이라도 일상에서 줄이기 위해 오늘부터라도 실천할 수 있는 자신만의 플라스틱 줄이기 방법이 있다면 무엇일까?

윤고은: 온라인 쇼핑보다는 직접 가서 사는 것이 좋다. 안전한 배송을 위해 불필요한 포장이 들어가는 물품들이 많다. 코로나 시국 동안 사람들이 온라인 배송을 받게 되면서 플라스틱 쓰레기도 많아졌는데 그것을 치우는 스트레스도 있을 것이라는 생각이 든다. 텀블러 사용하기도 마찬가지다. 장바구니처럼 다회용기를 가지고 다니는 것이 기본적인 것 같다. 소비자 입장에서는 플라스틱을 대체할 물건이 없을 때가 많아서 기업이 상품을 만들 때 조금 더 선택지를 줬으면 좋겠다는 생각도 든다. 개인 차원에서 뭘 어떻게 하겠나 싶을 수도 있지만, 개인 소비자가 알아야 어떤 제품을 선택할지 결정하고 기업이나 국가에 요구하고 비판할 수 있다. 물론 불편을 감수해야 하지만, 편안함보다도 더 큰 가치에 동의하게 되면 다시 예전 시대로 회귀하는 것 같은 기분도 견딜 수 있게 된다. 기업에서 국가에서 나서서 조금 더 많은 선택지를 만들어준다면 어떤 개인들은

기꺼이 조금의 비용을 더 지불하더라도 더 마음의 부담을 덜 수 있는 방식으로 소비할 것이다.

플라스틱 쓰레기 이외에 관심이 가는 다른 환경 문제가 있나?

윤고은: 사실 환경 문제들은 구분되어있지 않은 것 같다. 어떠한 환경 문제에 관심을 가지고 따라가다 보면 모든 문제에 연결되어있다. 예전에 아보카도가 영양학적으로 좋다고 해서 많이 먹었던 적이 있는데 그 후 아보카도가 탄소발자국이 가장 많은 과일이라는 것을 들었다. 그후 아보카도를 최대한 먹지 않으려고 했던 것이 기억난다. 요즘 다들 그렇게 생각하는 것 같다. 이제 음식 재료를 살 때도 탄소발자국을 생각하게 된다. 쓰레기 문제지만 식습관이나 자연 문제에도 다 연결되어 있다.

프로젝트99가 다음에 시도해봤으면 하는 주제가 있다면 무엇일까? 자유롭게 말해달라.

윤고은: 환경에 관한 주제로는 여행에 대해 다뤄보면 좋을 것 같다. 코로나 바이러스는 많은 부분에 쉼표 또는 마침표를 찍었다. 이후 장거리 여행이 재개된다면 그때 우리는 과거처럼 여행할 수 있을지 궁금하다. 여행자들은 이동 그 자체만으로도 쓰레기를 만들고 옮긴다는 이야기를 듣는데 사실 부인할 길이 없다. 9인이 환경 오염 줄이기를 위해 꾸린 여행 가방에 관한 이야기를 해보면 어떨지 제안하고 싶다. 여행 물품 9가지를 넣은 가방을 공개하고 그것을 선택한 이유를 듣고 싶다. 여행자의 윤리에 대한 고민의 흔적들이 담겨있길 바란다. 환경에 국한되지 않은 소재로는 내가 가진

물건 중에 가장 오래된 것에 관한 이야기를 다뤘으면 좋겠다. 옷도, 가구도, 책도 좋다. 나와 함께 늙어가는 물품 9개와 그 사연을 들어봤으면 좋겠다.

"소비자 입장에서는

플라스틱을

대체할 물건이

없을 때가 많아서

기업이 상품을 만들 때

조금 더

선택지를 줬으면

좋겠다는 생각도 든다.

개인 차원에서

뭘 어떻게 하겠나

싶을 수도 있지만,

개인 소비자가 알아야

어떤 제품을

선택할지 결정하고

기업이나 국가에

요구하고 비판할 수 있다."

소설가 윤고은

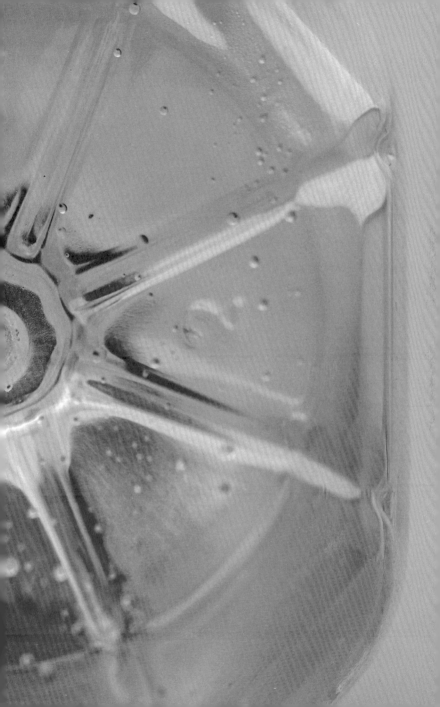

기자 정지은

정지은

[칼럼]

확실한 재앙,
플라스틱에 맞서는 사람들

어릴 적 '멸망'을 떠올리면 갑자기 행성이 날아와 지구와 부딪힌다거나 미지의 우주에서 타노스 같은 빌런이 나타나 손을 튕겨 인구를 말살시키는 장면들을 떠올렸다. 하지만 세상의 멸망이 타인의 손에 달려있을 것이라고만 단정한 것은 참으로 건방진 생각이었다. 기술이 발전하면서 비례적으로 거대해진 인간의 욕심은 스스로의 손으로 플라스틱이라는 어마어마한 빌런을 만들었다.

그렇게 오랜 세월 동안 일상에 자연스럽게 침투한 플라스틱은 많은 이들이 인식하지 못하는 동안 우리의 현재를 야금야금 잡아먹는 환경 오염의 주요인이 됐다. 이제 플라스틱은 우리의 삶에서 인식되지 않은 재앙이 아닌 '확실한 재앙'으로 자리 잡은 것이다.

종종 플라스틱 쓰레기로 배가 가득 찬 고래가 해안가에 떠올랐다는 이야기가 뉴스에서 흘러나오는 일상을 살게 된 우리에게 이제 플라스틱 문제는 먼 미래의 일이 아니게 됐다. 하지만 이러한 현실 속에서도 미래를 변화시키기 위해 지금이라도 제동을 걸어보기로 결심한 이들이 생겨나기 시작했다.

그중 첫 번째로 소개하는 회사는 미국의 생수 스타트업 '리퀴드 데스 Liquid Death'다. 제품 표면에 새겨진 강렬한 해골의 문양과 'Murder Your Thirst(당신의 갈증을 죽여라)'라는 거친 캐치 프레이즈를 보는 순간 흡사 에너지 드링크 제품처럼 여길 수 있지만 이 제품은 놀랍게도 생수다. 리퀴드 데스는 플라스틱병이 아닌 캔에 생수를 담아서 판매하고 있으며 '플라스틱 사용 대신 무한하게 재활용 가능한 선택지를 제공해 더 많은 이들에게

건강한 물 브랜드를 소개하겠다'는 이념을 가지고 있다.

리퀴드 데스가 유명한 이유는 그들만의 제품 홍보 방식이다. 리퀴드 데스는 출시 이후부터 한결같이 '악마' 컨셉을 유지 중이다. 'Death to Plas-tic(플라스틱에게 죽음을)', 'Murder Your Thirst(당신의 갈증을 죽여라)' 등 다크하면서도 재치 있는 캐치 프레이즈를 통해 보는 이들의 시선을 단박에 사로잡는다. 제품의 디자인 또한 마치 헤비메탈 공연 포스터를 연상케 하는 파격적인 이미지로 구성되어 있다. 리퀴드 데스는 브랜드와 같은 헤비메탈 밴드를 만들어 앨범을 발매하기도 했다. 'Fire Your Marketing Guy(마케팅 담당자를 해고해라)', 'Dumbest Name Ever For Water(물에게 붙여진 가장 멍청한 이름)' 등 SNS 댓글에 달린 악플을 곡 제목으로 구성해 보는 이들에게 재미를 안겼다.

그들은 굿즈 또한 환경 문제를 담아 제작했다. 그들이 제작한 '큐티 폴루티즈 Cutie Polluties'는 플라스틱 쓰레기로 인해 동물이 고통받고 있다는 사실을 알리기 위한 프로젝트 굿즈로 코에 빨대가 박히고 온 몸이 피투성이인 거북이 인형, 배에서 플라스틱 폐기물이 박힌 고래 인형, 몸에 비닐이 감긴 물범 인형으로 이뤄져 있다. 한 개의 인형 당 75달러(한화 약 8만 5천원)로 판매되고 있으며 인형의 재질은 재생 플라스틱이라는 점을 밝히기도 했다.

리퀴드 데스처럼 기발한 방식으로 플라스틱 사용을 줄이려는 또 다른 회사가 있다. 미국 뉴욕에서 시작된 '롤리웨어Loliware'는 플라스틱 빨대 사용을 줄이기 위해 먹는 빨대를 개발했다. 해초류로 만들어진 롤리웨어의 빨대는 18시간 이상의 연속 사용을 견딜 수 있으며 여러 음료에 재사용 할 수 있다. 또한 과일 성분을 통해 맛과 색깔까지 입히며 소비자들의 입맛까지 사로잡았다. 이러한 제품의 등장에 SNS에는 '#EatYourStraw(당신의 빨대를 먹으세요)'라는 해시태그와 함께 플라스틱 빨대를 먹는 사진을 올리는 유저들이 나타나기도 했다.

그들은 플라스틱 빨대에만 그치지 않고 먹는 일회용 컵, '롤리비타Lolivita'까지 개발했다. 롤리비타는 네덜란드 식품 기업 DSM과 손을 맞잡은 후 탄생시킨 유전자 변형 농산물GMO(Genetically Modified Organism) 프리, 글루텐 프리, 인공 첨가물 프리 식품으로 유자, 체리, 바닐라, 녹차, 콩 등이 사용됐다. 24시간 이상 상온 수준의 음료를 담을 수 있고 사용하고 남은 컵은 흙 속에서 생분해된다. 또한 비타민 컵, 단백질 컵 등의 영양 컵 시리즈를 선보이기도 했다.

이외에도 일회용 컵과 바이오 플라스틱 포장지를 만드는 인도네시아 '에보 웨어Evoware', 등이 대표적인 에코 프렌들리 회사로 꼽히고 있다. 물론 이러한 친환경 제품에는 플라스틱과 비교해 떨어지는 내구성과 같이 아직 미해결 상태의 문제들이 있다. 하지만 지금도 그들은 플라스틱 이슈를 해결하기 위해, 미래의 재앙에 제동을 걸기 위해 노력하고 있고 이 과정을 그들만의 재밌고 신선한 방식으로 풀어내고 있다.

'인간이 남느냐, 플라스틱이 남느냐. 그것이 문제로다'의 세상에 사는 우리에게 이러한 회사들의 노력은 희소식으로 다가온다. 이제 우리는 '지양'이 아닌 '무조건적인' 생존의 기로에 놓여있기 때문이다. 그러기에 편리한 타사 플라스틱 제품과의 경쟁과 우리의 삶을 위협하는 재앙과의 경쟁,

이 버거운 이중 생존 경쟁을 헤쳐나가고 있는 회사들에게 더욱 박수를 보내 줘야 할 것이다.

솔비

그림 보러오셔 쓰개길 가득했을 분야대

아티스트 솔비

생명의 소중함을
인지하는 것,
그것이 모든 것의 시작

9일간 기록한 플라스틱 쓰레기들

솔비(권지안)는 대한민국의 가수 겸 화가이다. 3인조 혼성그룹 타이푼의 멤버로 데뷔했으며, 현재는 솔로 가수로 활동 중이다. 여러 예능프로그램에서 크게 활약하며 '로마 공주' 등의 독특한 별명을 얻으며 대중의 주목을 받았다. 지난 2010년 치유 목적으로 미술을 시작했다가, 이후 줄곧 다양한 미술 작품을 선보이며 미술계에서 그 재능을 인정받고 있다. '프로젝트99' 요청에 응했을 당시 전시 'Just a Cake - Piece of Hope'을 준비중인 탓에, 대부분 미술과 관련된 플라스틱 쓰레기가 대부분이다.

그럼 우리, 플라스틱 이야기를 해볼까.

솔비: 반성부터 해도 될까? 부끄러운 게 많다. 지난해 필리핀 항공사가 주최한 친환경 캠페인에 한국 앰버서더로 다녀왔다. 그 당시 공부를 꽤 많이 했는데, 해도 해도 여전히 어렵다. 이해가 안 가는 부분들이 정말 많이 있다.

괜찮다. 이번 99프로젝트는 '9일간 플라스틱 쓰레기 기록'을 먼저 경험해 보고, 그것에 따른 솔직한 느낌을 공유하는 것에 있으니깐. 그나저나 쓰레기 기록 시기가 전시준비 기간이랑 겹쳐서 더 고생하셨을 것 같다. 보내주신 사진을 보니 플라스틱 통이 꽤 많이 나왔더라.

솔비: 아무래도 이번 물감 재료 자체가 건축자재다보니, 그 통이 8~9개 정도 나왔다. 그게 하나하나가 부피가 꽤 큰 편이다. 양이 많아서 부끄럽지만, 이게 또 솔직한 기록 아니겠나. 평소 텀블러를 들고 다니면서 일회용 컵을 거의 사용하지 않는데, 미술재료를 쓸 때는 그런 것들을 인식하지 못하는 것 같다. 화방만 생각해보면 많은 도구들에 플라스틱이 사용된다. 물감이나, 물통 같은 것만 생각해도…. 아! 이태리에서는 유리병에 든 물감을 본 적이 있다. 거기엔 유리가 유명하기도 하고, 병이 좀 많아서 그런가?

그런 이야기를 하는 시간이다. "아, 유리병에 담긴 물감을 쓰는 방법도 있구나" 하고. 배출된 플라스틱을 9일 동안 기록하면서 어떤 걸 느꼈나?

솔비: 지나치게 익숙해졌다? 플라스틱 쓰레기에 이미 익숙해진 채로 그냥

사는 것 같다. 쓰레기가 나오는 게 '문제'라고 인식을 전혀 하지 못할 정도로. 아예 안 쓸 수가 없지 않나? 이건 어떻게 보면 소비자의 몫을 벗어난 영역에 있다고 생각되기도 한다. 제조하는 사람들이 바꿀 마음이 없으면, 대체할 상품이 없다는 전제하에 소비자는 이걸 구매해서 쓸 수 밖에 없는 입장이니깐. "이런 재질로 만들면 지구가 오염되니 당장 통을 바꿔요" 라고 문제 제기를 한다고 생각해보라. 과연 쉽게 받아들여질까? 문제 제기를 한 사람을 '예민한 사람'으로 치부하지 않을까.

문제제기를 하는 사람을 불편하게 바라보는 사회의 시선부터 바꿔야 한다는 이야기인가?

솔비: 맞다. 이건 비단 환경에 국한된 이야기가 아니다. 그렇다고 완전 별개의 문제로 치부할 수도 없다. 타인에 대한 이해, 배려, 공감이 어느 순간 몽땅 사라진 것 같다. 일단 나만 생각한다. 어쩌면 이 문제는 거기에서부터 출발해야 하지 않을까? 인간을 소중하게 생각하지 않는 사람이, 그 대상이 자연이라고 해서 배려할 것 같은가.

타인에 대한 배려가 없는 사람이, 동물, 더 나아가 환경까지 고려할 리가 없다.

솔비: 단순히 '플라스틱을 쓰지말자' 이러는 것보다 생명에 대한 소중함을 먼저 인지하는 것, 그게 문제 해결의 시작이라고 생각한다. 이건 내가 이번 전시 작업을 하게 된 계기이기도 하다. '나'라는 사람이 버려졌고, 미디어로 인해 공격을 받고, 악플의 표적이 되고, 이런 모든 것을 아트로 순환시키려 했다. 지금의 자연도 그런 순환이 필요하다. 버려진 것들에

대해 돌아보면 업사이클링 할 수 있는 부분들이 많을 거다.

예술계에 '정크아트'라는 게 있다. 일상생활에서 나온 부산물인 폐품들을 소재로 제작한 미술 작품을 지칭한다. 이처럼 아이디어를 내고, 변화에 접목시키는 데 아티스트의 역할이 정말 크다. 많은 아티스트와 그러한 협업을 하면 어떨까 싶다. 현실적인 고민을 명확하게 던져주고, 같이 해결해나가면 재미있겠단 생각이 든다. 맨날 환경운동이라고 '텀블러 쓰기' '에코백 사용하기'만 강요하니깐, 마치 그것만 잘 하면 충분히 환경문제가 해결된 것 같다는 착각에 빠지는 것 같다. 뭘해야 한다는 강요보다는, 인식의 변화, 참여, 순환 등의 해법이 필요하다.

(박수) 사이다 발언이다. 몇 년 전부터 텀블러랑 에코백이 정말 많이 쏟아져나왔다. 물론 그것도 좋지만, 이제는 여기에서 조금 더 앞으로 나아갔으면 한다.

솔비: 결국 산업에 대한 이야기다. 친환경을 하고 싶어도, 금전적인 문제로 인해 중단하게 되는 경우도 생긴다. 그럼 산업적으로 그러한 일들이 성장할 수 있도록 분위기를 조성하거나, 지원을 해줄 필요가 있다고 생각한다. 개인의 선의에만 기대지 말고.

교육도 빼놓을 수 없다.

솔비: 미래를 지키기 위한 것 중에 교육이 빠지면 안 된다. 마찬가지로 정확한 정보 전달도 꼭 필요하다. 플라스틱은 나쁜데, 그러면 종이팩은 괜찮나? 플라스틱 빨대가 종이 빨대로 교체됐는데, 그러면 종이빨대는

환경에 얼마만큼 괜찮은 건가? 난 답을 잘 모르겠다. 정확한 내용을 제대로 알지 못한다. 플라스틱도 이제까지 분류해서 버리면 재활용이 잘 된다고 생각해왔으니깐.

플라스틱은 9% 정도만 재활용 되고, 나머진 묻거나, 태우거나, 바다에 버린다. 바다에 버려진 것은 해류를 만나 쓰레기섬이 되거나, 미세 플라스틱이 되어 다시 우리 몸에 축적된다.

솔비: 결국 순환은 순환인데, 악순환이다.

완전히 플라스틱이 없는 삶은, 과연 가능할까?

솔비: 앞서 이야기 했던 현실적인 문제로 돌아가야 할 거 같다. "난 플라스틱을 쓰지 않고, 유리병을 쓸래" 라고 할 수도 있다면 좋다. 근데 결국 돈의 문제에 부딪힌다. 애초에 대체할 수 없는 것들도 많을 테고.

여러 가지를 앞으로 쭉 고민해야 할 것 같다. 플라스틱 외에 환경을 위해 평소 실천하는 나만의 방식이 있으면 소개해달라.

솔비: 걷기! 웬만하면 걸어다닌다. 걷는 것은 건강에도 좋다. 5~6km 일 때도 있고, 어떤 날은 10km를 걸을 때도 있다. 차를 타면 휴대폰만 보게 되는데, 직접 걸으면 살아있는 것들을 볼 수 있어서 정말 유익하다. 차에서 보는 것은 여러모로 한계가 있다. 대기오염도 줄일 수 있다. 차에서 발생하는 매연은 생각보다 많다. 성수대교를 걸어서 건너려면 마스크 2개를

써야 할 정도다. 이게 과연 인간을 위해 존재하는 것인가를 심각하게 생각할 정도로 냄새가 너무 심해서 괴롭다. 그러니, 걸으면 걸을수록 환경을 지키는데 분명한 도움이 되는 기분이 든다.

쇼핑도 줄였다. 유행은 10년마다 돌아온다고 하니, 버리지 말고 기다리고 있다. 사실 유행을 따르기 보단, 각자의 센스를 살려서 자기만의 스타일을 만들어 내는 것이 더 중요하다는 것을 뒤늦게 깨달았다. 옷이 아무리 많아도 입을 수 있는 건 분명 한계가 있다. 예전엔 저도 명품을 진짜 많이 샀던 때가 있었다. 근데 지금은 그냥 다 옷걸이에 걸려있다. 화려한 곳에 간다면 필요할지 모르겠지만, 이제 그런 것으로 만족을 느끼는 시대는 이미 지나간 것 같다. 요즘 내 옷에는 거의 다 물감이 묻어있다. 모든 게 작업복화 되었다.

아티스트라는 직업과 연계해, 앞으로 이 관심을 지속할 수 있는 방법이 있을까.

솔비: 인간의 생명을 소중하게 다루기 위한 일들을 꾸준히 이어갈 거다. 타인에 대한 배려와 공감이 결과적으로 환경보호와도 연결될 것이라고 믿는다. 공존과 순환에 대해서도 지속적으로 고민해야한다. 법으로 강제 한다고 바뀌는 것에는 한계가 있을 테니, 대중이 자연스럽게 받아들일 수 있게 고민하는 것이 예술가의 역할이라고 생각한다.

끝으로 프로젝트99가 다음에 시도해보면 좋은 주제를 추천해달라.

솔비: 9일 동안 선물 달기? 선순환! 우리가 실천하는 모습도 보여주면서,

환경을 지키기 위한 선풀을 꾸준하게 달고, 더불어 생명의 소중함까지 함께 전하면, 더 많은 사람들에게 긍정적인 영향을 끼칠 수 있지 않을까.

그저 플라스틱 쓰레기를 거부했을 뿐이다

"단순히

'플라스틱을 쓰지말자'

이러는 것보다

생명에 대한 소중함을

먼저 인지하는 것,

그것이

문제 해결의 시작이라고

생각한다."

그게 뭔가의 쪼개기를 가득해온 뿌연데

아티스트 솔비

초판 1쇄 발행 2021년 9월 9일

지은이 박현민 정지은
펴낸이 박현민
사진 박현민 김종훈
디자인 이용혁 이소영(찰리파커)

펴낸곳 우주북스
등록 2019년 1월 25일 제2020-000093호
주소 (04766) 서울시 성동구 왕십리로 125 PO322
전화 02-6085-2020
팩스 0505-115-0083
이메일 gato@woozoobooks.com
인스타그램 /woozoobooks
홈페이지 woozoobooks.com

ⓒ박현민

ISBN 979-11-967039-3-6 (03300)